KATHARINA BACHMAN
SOS Schlank ohne Sport
Das Kochbuch

GOLDMANN
Lesen erleben

KATHARINA BACHMAN

SOS SCHLANK OHNE SPORT

DAS KOCHBUCH

160 LECKERE REZEPTE MIT POWER-LEBENSMITTELN

GOLDMANN

Dieses Buch ist auch als E-Book erhältlich.

Verlagsgruppe Random House FSC® N001967
Das für dieses Buch verwendete FSC®-zertifizierte Papier
Profimatt liefert Sappi, Ehingen.

2. Auflage
Originalausgabe Januar 2016
© 2016 Wilhelm Goldmann Verlag, München,
in der Verlagsgruppe Random House GmbH
Umschlaggestaltung: UNO Werbeagentur, München
Umschlagmotiv: ©FinePic, München
Bildredaktion und Leitung der Fotoproduktion: Anka Hartenstein
Fotoproduktion: Mike Hofstetter (Fotograf); Nicole Franke (Styling)
Alle Bilder: Mike Hofstetter mit Ausnahme von: Imagesource: 79, 105;
Istockphoto: 19 (Maksym Narodenko), 45 (Difydave), 103 (RedHelga),
129 (emily2k); Fotolia: 100 (volff), 116 (Doris Heinrichs);
Thinkstockphoto: 6 (giordano borghi), 10 (nata_vkusidey)
Lektorat: Angela Kuepper
CC · Herstellung: cb
Satz: EDV-Fotosatz Huber/Verlagsservice G. Pfeifer, Germering
Druck: Print Consult, München
Printed in Czech Republic
ISBN 978-3-442-22145-5

www.goldmann-verlag.de

INHALT

DIE ERNÄHRUNG RICHTIG UMSTELLEN

Den Stoffwechsel in Schwung bringen – geht das ohne Sport? Ja, mit der richtigen Kombination von Lebensmitteln kommen Sie in Topform und gewinnen Energie.

Auf ein Wort

Liebe Leserinnen und Leser!

Bevor ich Ihnen den 4-Wochen-Ernährungsplan und weitere köstliche Rezepte nach dem SOS-Prinzip vorstelle, neueste Hinweise für eine gesunde Ernährung gebe und auf viele Fragen eingehe, möchte ich mich für die großartige Aufmerksamkeit, die Sie meinem Buch »SOS – Schlank ohne Sport« entgegengebracht haben, sehr herzlich bedanken. Mit so einem überwältigenden Erfolg haben weder mein Verlag noch ich gerechnet. Zugegeben, jeder Autor träumt davon, einen Bestseller zu landen. Wenn es dann aber in solch einem Ausmaß tatsächlich passiert, ist man tief beeindruckt. Danke vielmals!

Allen neuen Lesern, die das SOS-Basisbuch noch nicht kennen und zunächst nur das vorliegende Buch lesen werden, möchte ich gerne vorausschicken: Ich bin kein »Gesundheitsapostel«, stricke meine Socken nicht selbst – weil ich das leider nicht kann – und trage keine Birkenstockschuhe, da ich High Heels liebe, auch wenn ich darin leider gar nicht laufen kann. Ich lackiere meine Fingernägel rosa, färbe mir die Haare blond und klebe mir Wimpern an – allerdings aus Echthaar (das behauptet jedenfalls die Verkäuferin).

SOS ist mittlerweile in die Welt hinausgetragen worden, und mich erreichen neben Erfolgsgeschichten aus Deutschland, der Schweiz und Österreich auch solche aus Kanada, Japan, China, Südamerika, der Karibik, der Südsee, den Emiraten, aus Australien, Norwegen, Dänemark, Frankreich, der Türkei, Polen und vielen weiteren Ländern.

SOS ist keine Diät, und es werden auch keine Kalorien gezählt. Natürlich versuchen wir abends Kalorienbomben zu vermeiden, aber das geliebte Eis, die leckere Schokolade aus eigener Herstellung und köstlicher Kuchen gehören nun mal dazu.

Ich bin weder Ärztin noch ausgebildete Köchin und auch keine Ernährungsberaterin oder Lebensmitteltechnologin. Ich bin ein Mensch, der sich für gesunde Ernährung und Lebensmittel interessiert. Ich habe viel recherchiert und monatelang Gespräche mit Profis geführt, da ich endlich wieder fit, schlank und vor allem gesund werden wollte, und trotzdem bin ich ein Genussmensch geblieben. Ernährung soll und muss Freude bereiten: Denn Lebensfreude ist unser Lebenselixier!

Die Tatsache, dass durch die Entgiftung und die Ernährungsumstellung auch Pfunde purzeln, ohne dass man hungern muss, zeigt mir und all den Zigtausenden von Menschen, die SOS ausprobiert haben und in ihr Leben integrieren, welche Auswirkungen eine gesunde Ernährung auf unseren Körper hat. Bis zu meiner persönlichen Erfahrung hätte ich das niemals für möglich gehalten.

SOS ist mehr als nur eine vierwöchige »Diät«. Es ist eine gezielte Ernährungsweise, die zur Gewichtsabnahme führt und/oder zur Behandlung von Krankheiten dient, aber auch eine andere Lebensweise und ein neues Lebensgefühl in uns auslösen kann.

Ich möchte Sie an dieser Stelle gern auf meinen Blog aufmerksam machen, den Sie auf der Website www.KatharinaBachman.de finden. Dort beantworte ich Fragen, gebe Tipps zur Umsetzung des Entgiftungsplans und der darauffolgenden Ernährungsumstellung, lasse Dr. K.S. zu Wort kommen und zeige Ihnen – sozusagen als kleines virtuelles Schmankerl – auch schon mal das eine oder andere Highlight aus

Kuala Lumpur. Dort erfahren Sie auch, was es mit den exotisch klingenden Rezeptnamen in diesem Buch auf sich hat. Viel Spaß bei der Übersetzung!

Mit den Worten von Hippokrates – »Eure Nahrungsmittel sollen eure Heilmittel und eure Heilmittel sollen eure Nahrungsmittel sein« – wünsche ich Ihnen viel Freude beim Lesen und viel Erfolg beim Entgiften, Umstellen Ihrer Ernährung und Ausprobieren der Rezepte.

Herzlichst
Ihre Katharina Bachman

Gesunde Ernährung beginnt bei der Qualität

Wie Sie bereits wissen, bin ich kein fanatischer Gesundheitsapostel, sondern ein wahrer Genussmensch. Und dennoch – oder gerade deshalb – empfehle ich Ihnen als Autorin dieses Buches, am besten nur Lebensmittel aus kontrolliert biologischem Anbau zu verwenden.

Und warum? Weil die angeblich glücklichen Kühe gar nicht so glücklich sind und Hühner vor Schmerzen kaum noch ein fröhliches Kikeriki von sich geben. Ganz im Ernst: Massentierhaltung bedeutet Antibiotikazugabe, Fütterung auf Mais- und Sojabasis mit teils genmanipulierten Sorten sowie chemische Zusatzstoffe, damit Kühe mehr Milch geben und Hühner größere Eier legen. Wenn Fleisch und Eier aus Massentierhaltung auf unserem Teller landen, sind – abgesehen vom ethischen Aspekt – all diese Stoffe noch immer in Spuren darin enthalten. Und daran kann auch der allerbeste Metzger nichts ändern. Das Fleisch ist, wie es ist. Deshalb sollten wir unbedingt darauf achten, woher es kommt.

Wir kaufen unsere Eier bei einem einheimischen Farmbesitzer, der seine Hühner noch so hält, wie ich es als Kind vom Lande kannte: glückliche Hühner, die frei herumlaufen, im Gras picken und durch den Matsch stolzieren. Diese Eier sind im Verhältnis zu den heutigen Supermarkt-Eiern zwar wesentlich kleiner, aber im Geschmack einfach viel »größer«. Man kann sich ja zwei Eier braten oder kochen, wenn man eine größere Portion will.

Als Kind erlebte ich Kühe, denen ich beim Sonntagsspaziergang auf der Weide zuwinken konnte. Es gab Milch, die von der Bäuerin »handpersönlich« aus dem Euter der Kuh gezapft wurde. Manchmal, wenn meine Mutter mich wieder mal zum Milchholen geschickt hatte, sagte die Bäuerin zu mir: »Heute gibt es keine Milch, Else hat Fieber.« Oder: »Paula hat gekalbt, sie braucht ihre Milch für das Baby.« So war das damals. Und heute? Würde der heutige Großlandwirt seine winzigen Eier beim Supermarkthändler abliefern, würde er auf seinen Hof zurückgejagt werden, und dem Milchlieferanten ginge es auch nicht anders, wenn er die Quote nicht erfüllen könnte. Darüber sollten wir alle mal nachdenken.

Wenn Sie persönlich einen Bauern oder einen Landwirt kennen, der seine Tiere möglichst natürlich hält und sein Obst und Gemüse ohne Pestizide, Düngemittel und dergleichen gedeihen lässt, unterstützen Sie ihn, indem Sie nur dort Ihre Lebensmittel kaufen. Wir Verbraucher haben mehr Macht, als wir vielleicht denken. Wenn wir belastete Produkte nicht mehr kaufen, wird sich der Handel umstellen müssen! Dann gibt es halt nur ein Mal pro Woche Fleisch. So what? Das war früher so üblich, viele werden sich noch erinnern. Bei uns zu Hause gab es den herrlichen Sonntagsbraten. Die ganze Woche freuten wir uns schon darauf. Das Fleisch war lecker, zart, antibiotikafrei und von grasgefütterten Kühen. Die Eier waren zwar klein, dafür aber köstlich. Milch mochte ich nicht, doch wenn ich sie trinken musste, weil meine Mutter damals sehr viel Wert darauf legte, war sie garantiert ohne Eiter, Blut, Wachstumshormone und Antibiotikaspuren.

Bitte seien Sie auch besonders aufmerksam, was die Belastung mit Schwermetallen angeht. Kräuter, Getreide und Gemüse, die an viel befahrenen Straßen wachsen, sollten unbedingt gemieden werden. Auch Meersalz kann belastet sein, daher empfehle ich die Verwendung von Himalaya- und Steinsalz.

Eine gesunde Ernährung beginnt bei der Qualität der Nahrungsmittel. Wie man sie am effektivsten kombiniert und welche für SOS ganz besonders geeignet sind, erfahren Sie im nächsten Kapitel.

Hinweis

....

Alternative, biologische oder ökologische Landwirtschaft steht für die Herstellung von Nahrungsmitteln sowie landwirtschaftlichen Erzeugnissen mithilfe möglichst naturschonender Produktionsmethoden. Sie berücksichtigt Erkenntnisse der Ökologie und des Umweltschutzes. Auf Mineraldünger, synthetische Pflanzenschutzmittel und Gentechnik wird weitgehend verzichtet. Biolebensmitteln aus ökologischer Landwirtschaft dürfen, bevor sie in den Handel kommen, per Gesetz keine Farb- und Konservierungsstoffe, Geschmacksverstärker und künstliche Aromen zugefügt werden. Im Jahre 2013 wurden weltweit 43 Millionen Hektar landwirtschaftliche Nutzfläche ökologisch bewirtschaftet. Das sind gerade mal ein Prozent der gesamten zur Verfügung stehenden Fläche. Den höchsten Anteil davon beziffert Liechtenstein mit über 30 Prozent, Österreich wartet mit knapp 20 Prozent auf.

DER 4-WOCHEN-PLAN

Entgiftung und Ernährungsumstellung – damit beginnt Ihre SOS-Reise. Ausführliche Wochenpläne, viele Tipps, Ideen und Vorschläge lotsen Sie sicher in ein gesünderes und schlankeres Leben.

Der SOS-4-Wochen-Plan setzt sich zusammen aus einer Entgiftungs- und einer Umstellungsphase. Sie müssen weder Kalorien zählen noch täglich aufs Laufband steigen, um effektiv abzunehmen und etwas für Ihre Gesundheit zu tun. SOS ist unkompliziert, und doch gibt es Regeln zu beachten, was die Kombination von Lebensmitteln betrifft. Bevor wir also mit den Rezepten für Tag 1 bis 28 loslegen, hier meine Tipps und Antworten auf häufig gestellte Fragen.

Tipps für die Entgiftungsphase

Folgende wichtige Punkte gelten für alle 7 Tage:

- An jedem Tag der Entgiftungswoche starten Sie mit einem großen Glas raumtemperiertem stillem Wasser direkt nach dem Aufstehen. Bitte kein Sprudelwasser trinken!

- Die aufgeführten Speisen können zu jeder Zeit verzehrt werden. Niemand soll hungrig zu Bett gehen.

- Trinken Sie täglich mindestens 2 Liter stilles Wasser, gerne auch mehr. Aber trinken Sie bitte kein mit Kohlensäure versetztes Wasser. Rezeptvorschläge für die Zubereitung Ihrer täglichen Wasserration finden Sie auf Seite 17.

- Zum Frühstück können Sie schwarzen Kaffee oder Tee ohne Süßungsmittel und ohne Milch trinken. Wenn Sie auf Milch im Kaffee nicht verzichten möchten, dürfen Sie ein wenig Mandelmilch oder andere pflanzliche Alternativen hinzugeben. Keinesfalls Kuhmilch, Kokosnussmilch, Dosenmilch oder gar Kondensmilch verwenden.

- Trinken Sie keine Obstsäfte vor Tag 7, weder frisch zubereitet noch gekauft.

- Bitte verzehren Sie an Tag 7 frisch gepresste Fruchtsäfte. Fertigprodukte enthalten oft zusätzlichen Zucker und meistens Konservierungsstoffe, sonst würden sie den Tag nicht überstehen. Der Saft muss vom Hersteller über den Verkäufer in die Geschäfte und bis zum Kunden gelangen. Das kann ein paar Tage dauern. Wenn Sie Früchte selbst frisch pressen, wissen Sie genau, was drin ist.

- Bis 16 Uhr dürfen Sie Matcha-Tee trinken. Danach könnte er Ihnen die Nachtruhe rauben.

- Würzen Sie Ihre Speisen nicht zu stark mit Salz und Pfeffer. Frische Kräuter sind erlaubt. Chilipulver, Cayennepfeffer, Currypulver sollten jedoch sehr sparsam verwendet werden. Optimal wäre es, gar keine scharfen Gewürze zu nehmen! Anstelle des Pfeffers können Sie getrocknete und gemahlene Papayakerne verwenden. Das gilt übrigens für alle Rezepte in diesem Buch (ab Seite 76).

- Wenn Sie anstelle des Rindfleischs lieber Hühnchen oder Pute essen wollen, sollten Sie unbedingt darauf achten, dass das Fleisch vom Biobauern stammt! Hier lauert die Weizengefahr, denn industriell gemästetes Geflügel wird in der Regel mit Weizenkleie gefüttert.

- Essen Sie das Obst (Tag 1 und Tag 2) möglichst roh und nicht gekocht oder gebraten, und pürieren Sie es auch nicht. Dann funktioniert die Entgiftung optimal, denn die Verdauung beginnt schon im Mund. Wird das Obst in fester Form verzehrt, also gekaut, entwickeln wir im Mund mehr Speichel, und das Obst vermischt sich damit. Dieser Speichel enthält Stoffe, die für eine gute Verdauung sorgen und auch die Bauchspeicheldrüse aktivieren. Bei Fruchtsaft fällt dieser Vorverdauungsprozess weg. Beim Pürieren werden zudem die Faserstoffe aus dem Obst, die die Verdauung ankurbeln sollen, zermixt. Falls Sie das Obst unbedingt braten wollen oder müssen, verwenden Sie bitte ausschließlich Kokosnussöl.

- Gekochtes oder gedünstetes Gemüse ist besser als gebratenes, lautet die Empfehlung. Für alle, die aber gerne etwas Gebratenes mögen, habe ich einen Rezeptvorschlag eingefügt.

• Zu allen Speisen können Sie Chia-Samen dazugeben. Aber denken Sie bitte daran, dann viel zu trinken! Chia-Samen saugen enorm viel Flüssigkeit auf. Achten Sie unbedingt auf eine gute Qualität der Samen. Durch die mittlerweile große Nachfrage nach Chia finden sich immer wieder Hersteller, die einfach nur schnelles Geld machen wollen. Im SOS-Basisbuch finden Sie auf Seite 107 einen Qualitätstest.

• Kalt gepresstes Kokosnussöl können Sie täglich vom Beginn der Entgiftungswoche an pur oder zubereitet verzehren. Es gibt praktisch keine Mengenbeschränkung. Eine Verzehrempfehlungstabelle finden Sie im Basisbuch auf Seite 65.

Tipps für die Ernährungsumstellung

Die Ernährungsumstellung sollte unmittelbar nach der Entgiftung erfolgen. Damit kann ein Jo-Jo-Effekt praktisch ausgeschlossen werden.

Zunächst sollten Sie folgende wichtige Empfehlungen beherzigen:

• Zum Braten ausschließlich Kokosnussöl verwenden!

• Kalt gepresstes Oliven- oder Arganöl nur für die »kalte« Küche, also für Salate verwenden oder auf warme Pasta gießen. Empfehlenswert sind außerdem Lein- und Walnussöl (nicht erhitzen!), solange sie aus erster Pressung stammen, kalt gepresst sind und nicht raffiniert wurden. Raffinierte Öle sind zwar geschmackneutral, aber sehr ungesund. Ich persönlich verzichte auch auf Öle, die aus gezüchteten und nochmals nachgezüchteten Samen hergestellt wurden. Eine Züchtung bedeutet für mich immer einen Eingriff in die Natur. Muss ja nicht sein, oder?

• Morgens reichlich kohlenhydrathaltige Speisen verzehren!

• Mittags können Sie praktisch alles essen – außer Fastfood, fertig gekochte und verpackte Lebensmittel aus dem Supermarkt oder von der Pommes-Bude!

• Nach 16 Uhr möglichst keine Kohlenhydrate mehr zu sich nehmen (wie Kartoffeln, Reis, Nudeln, Brot). Ebenso keine Rohkost, wozu auch Salat, Tomaten, Gurken, Mais gehören. Auch keine Fruchtsäfte und Früchte!

• Pilze sind schwer verdaulich und sollten abends möglichst nicht gegessen werden.

• Nicht zu spät zu Abend essen. Allerspätestens sollte die letzte Mahlzeit des Tages um 19 Uhr im Magen sein.

• Die Nahrungsmittel gut und geduldig kauen.

• Bitte unbedingt alle Speisen vermeiden, die Weizenmehl enthalten!

• Nie wieder Rapsöl verwenden – höchstens, um damit quietschende Türen zu ölen (siehe SOS-Basisbuch, Seite 151 ff.).

• Nie wieder Kuhmilch trinken (siehe SOS-Basisbuch, Seite 161 ff.).

• Gesunde Alternativen zu Kuhmilch und ihren Produkten sind Schafs-, Ziegen- sowie Kamelmilch. Ziegenbutter ist eine leckere Wahl zum Kochen oder auch für das Frühstücksbrot. Sie ist von Natur aus besser verträglich für unseren Organismus (siehe Seite 126). Oder stellen Sie Ihre Milch auf pflanzlicher Basis selbst her (siehe Seite 112).

• An den »Sündentagen« kann praktisch alles gegessen werden, worauf man gerade Appetit hat. Die 300-Tage-Regel macht's möglich (siehe SOS-Basisbuch, Seite 37). Allerdings verzichten mein Mann und ich nach wie vor auch an unseren Sündentagen auf Kuhmilch und Produkte daraus sowie auf Speisen, die Weizenmehl enthalten.

Die Rezepte für Ihre Ernährungsumstellung sind Vorschläge, die ich nach dem SOS-Prinzip kreiert habe. Wenn Ihnen ein bestimmtes Rezept nicht zusagt, können Sie gern ein anderes aus dem Rezeptteil wählen. Nebenbei bemerkt: Keine Diät oder Entgiftung kann funktionieren, wenn sie nach Lust und Laune verändert, gemischt oder abgewandelt wird. Die jeweiligen Programme sind in sich aufeinander abgestimmt.

Sie können gerne heimische Gemüse- oder Obstsorten gegen die aufgeführten Zutaten austauschen, sofern sie die Kriterien der SOS-Regeln erfüllen. Auch gegen ein schnelles Mittagessen, zum Beispiel aus Kartoffeln und Rotkohl oder Fleisch und Rotkohl, ist nichts einzuwenden. Aber essen Sie bitte Fleisch, Gemüse und Kartoffeln nicht bei einer Mahlzeit zusammen, sondern entweder Fleisch und Gemüse oder Fleisch und Kartoffeln (Reis, Nudeln etc.). In Deutschland gibt es köstliche Gemüse- und Salatsorten, wie Rosenkohl, Wirsing, Blumenkohl, Lauch, Spargel, Weißkohl, Endivien, Feldsalat, Blattspinat, Mangold, Rhabarber, Sellerie und auch viele Obstsorten. Fleischzugaben in den Rezepten können durch Lupinen, Tempeh, Miso oder Natto (aber keinesfalls Tofu!) ersetzt werden. Stellen Sie jedoch sicher, dass Sie eine gute Mineralergänzung zu sich nehmen. Es ist wichtig, sich nicht nur auf Sojaprodukte als Proteinlieferant zu verlassen (siehe Seite 136 f.)

Anstelle von Rindfleisch können Lamm, Wild, Bison, Fisch, Huhn und Pute gegessen werden. Auch frischer Hering (Matjes, Rollmops, Bismarck, Brathering) ist für die Ernährungsumstellung sehr zu empfehlen. Aber bitte keine Fertigprodukte kaufen. Legen Sie Ihre Lieblingsfischsorte am besten selbst ein. Verwenden Sie ausschließlich Qualitätsprodukte, beispielsweise einen Bio-Weinessig, der Ihnen schmeckt und den Sie persönlich sogar pur trinken würden. Diesen Essig können Sie mit Ingwer, Himbeeren, Estragon, Basilikum und Knoblauch ganz nach Ihrem Geschmack verfeinern, den Fisch darin einlegen und mit diversen Gemüsesorten (zum Beispiel Möhren, Zwiebeln, Rote Bete) und frischen Kräutern Ihre Lieblingsmarinade kreieren.

Die Entweder-oder-Regel

Heißhungerattacken während der Ernährungsumstellung kommen durchaus vor. Wenn wir ihnen nachgeben, stellt sich garantiert der gefürchtete Jo-Jo-Effekt ein. Statt sich von Ihren Gelüsten in die Falle locken zu lassen, probieren Sie die folgenden Tricks:

- Trinken Sie ein großes Glas lauwarmes stilles Wasser.
- Essen Sie von der Gemüsesuppe (siehe Seite 25).
- Nehmen Sie bis zu 3 Esslöffel aufgequollene Chia-Samen zu sich.
- Genießen Sie eine Handvoll Nüsse (Paranüsse oder Mandeln).
- Schlemmen Sie 2 bis 3 Scheiben Harzer Käse (nach Belieben in Essig-Öl-Marinade eingelegt).
- Verzehren Sie ein hart gekochtes Ei (mit einer Prise Himalaya- oder Steinsalz nach Geschmack).
- Gönnen Sie sich ein paar saure Gurken (am besten Cornichons).

Mein Tipp

Vermeiden Sie abends, besonders wenn Sie der Heißhunger plagt, Speisen, die Kohlenhydrate enthalten, denn sie lösen noch mehr Hunger (auch auf Süßes) aus!

Frühstück

Wenn es um gesunde Ernährung geht, neigen wir oft dazu, alles viel zu kompliziert zu sehen. Dabei ist es eigentlich ganz einfach – eine Lektion, die auch ich lernen musste. Gerade am Morgen geht es bei vielen von uns oft hektisch zu, und dann sollte es schnell und easy sein – mit Ausnahme des gemütlichen Sonntagsfrühstücks.

Das Frühstück ist die Grundlage für einen guten Start in den Tag, damit Ihr Organismus in Fahrt kommt und den Stoffwechselmotor anwerfen kann. Pflanzliches und tierisches Fett in Kombination sind dabei ideal, wobei der Anteil an pflanzlichem Fett immer höher sein sollte.

Hier eine supereinfache Regel, die man sich gut merken kann:

PROTEINE + FRÜCHTE + FETT = gesundes Frühstück!

Mit dieser einfachen Regel fällt Ihnen bestimmt eine lange Liste ein, wie Sie im Nu ein leckeres Frühstück zaubern können, das weniger als fünf Minuten Zeit in Anspruch nimmt. Als Beispiel:

- 2 gekochte Eier (Protein) im Glas, eine Scheibe Brot (ohne Weizenanteil), mit Ziegenbutter bestrichen (tierisches Fett), und eine kleine Schüssel selbst gemachtes Apfelkompott (Frucht) mit 1 TL Kokosnussöl (pflanzliches Fett), das Sie schon am Abend vorher zubereiten können
- 2 Spiegeleier (Protein), in Kokosnussöl gebraten (pflanzliches Fett), eine Scheibe Chia-Brot, mit Ziegenbutter (tierisches Fett) bestrichen, und dazu ein kleiner Obstteller (Früchte)
- Rührei (Protein), in etwas Kokosnussöl (pflanzliches Fett) zubereitet, eine Scheibe Chia-Brot, mit Ziegenbutter (tierisches Fett) bestrichen, und dazu

eine kleine Schale Erdbeeren mit Nüssen und Chia-Samen (Protein und Fett)

Noch mehr Frühstücksideen

- Schafsjoghurt (Protein), Himbeeren (Früchte) und Walnüsse (Eiweiß und Fett)
- Ziegenquark mit Hafermilch und Chia-Samen verrühren (Protein), Erdbeeren, Blaubeeren und Banane hinzufügen (Frucht) und Erdnussbutter (Eiweiß und Fett) darübergeben
- 2 hart gekochte Eier (Protein), ½ Avocado (Fett und Obst) und in Scheiben geschnittene Tomaten (Frucht) zu einem Brotaufstrich verrühren und würzen. Nach Bedarf etwas kalt gepresstes Olivenöl (pflanzliches Fett) hinzugeben.

Wichtig: Essen Sie das in den Tagesplänen angegebene Obst (oder mit Obst zubereitete Müslis) zum Frühstück immer zuerst (siehe Seite 133).

Hier noch ein paar Beispiele für ein schnelles Frühstück, das den Blutzuckerspiegel stabil hält:
- Smoothie aus frischen Beeren und Proteinen: Beeren, die den Körper ausreichend mit Antioxidantien und Ballaststoffen versorgen; Chia-Samen für die Nährstoffdichte; etwas Kakaopulver (ungesüßt), das die Arbeit der blutdrucksenkenden Antioxidanzien aus den Beeren unterstützt; Zimt, der den Blutzuckerspiegel senkt; dazu Kokosnuss- oder auch Mandelmilch (ungesüßt) und Hanfprotein (optional). All das bietet eine wunderbare Grundlage für ein optimales proteinreiches Frühstück.
- Gekochter, gepuffter Amaranth oder Quinoa, körnige Haferflocken, Obst aller Art (zum Beispiel Äpfel, Pflaumen, Kirschen, Bananen, Erdbeeren, Brombeeren, Himbeeren, Blaubeeren, Papaya, Ananas, Kiwi). Mandel-, Haselnuss-, Kokosnuss-, Reis-, Ziegen-,

Schafs- oder Kamelmilch. Schafs- oder Ziegenjoghurt, aufgequollene Chia-Samen. Zimt und/oder Kokosnussblütenzucker zum Süßen und/oder Verfeinern. Kaffee, Tee, stilles Wasser (mit einer Scheibe Zitrone und/oder Zimtstange, Gurkenscheiben, Limetten, Minze).

Zum Mitnehmen

Hart gekochte Eier mit pürierten Kichererbsen (Hummus) und Gemüsestreifen bieten ein gutes Frühstück zum Mitnehmen. Eine Scheibe Brot (ohne Weizenanteil) mit selbst gemachtem Brotaufstrich aus Kichererbsen, Kokosnussöl sowie frischen Kräutern eignet sich hervorragend für unterwegs. Nehmen Sie eine Frucht mit, wenn Sie aus dem Haus gehen, dazu Walnüsse, Mandeln oder Pekannüsse.

Nüsse, Chia-Samen, Quinoa, Amaranth, Haferflocken, Tempeh, Linsen, Natto, Miso zählen als Protein und sind nebenbei auch eine gute Quelle für gesunde Fette (Nussbutter, Erdnuss-, Mandel-, Cashewmus). Achten Sie bei Miso auf die traditionelle, langsame Herstellung (Fermentierung). Bitte keine Produkte aus industrieller Produktion verwenden!

Hinweis zu den Portionsgrößen

Die Portionsgrößen innerhalb des 4-Wochen-Plans variieren, denn in meinem Alltag koche ich mal für mich und meinen Mann, dann wieder für Freunde. Bei komplizierteren Gerichten lohnt sich der Aufwand für eine Portion auch manchmal nicht, dann empfiehlt es sich, für die Familie mitzukochen oder den Rest einzufrieren.

Noch eine herzliche Bitte ...

Es ist ganz normal, dass wir bestimmte Lebensmittel nicht gerne mögen. Die Geschmäcker sind ja bekanntlich verschieden. Wer sich aber genau an den Entgiftungsplan hält, ohne Wenn und Aber (!), hat die größtmögliche Chance, seinen Stoffwechselmotor wieder anzuwerfen und am Ende drei bis fünf Kilo an Gewicht verloren zu haben. Jede Abweichung kann die Entgiftung bremsen und den Stoffwechselvorgang unterbrechen!

Probieren Sie, als Beispiel, Tomaten, auch wenn Sie sie sonst nicht mögen. Vielleicht werden Sie überrascht sein. Ich kann Sie nur ermutigen, dem Entgiftungsplan genau zu folgen. Halten Sie durch! Es sind doch nur sieben Tage in Ihrem Leben, das Sie dadurch womöglich sogar verlängern können. Vielleicht hilft Ihnen beim Durchhalten der folgenden Spruch: »Wenn du heute aufgibst, wirst du nie wissen, ob du es morgen geschafft hättest.«

Ich wünsche Ihnen von Herzen eine große Portion Durchhaltevermögen, angereichert mit einer kräftigen Prise Stolz und abgerundet mit reichlich viel Willenskraft.

Übersicht der Wochenpläne

Die folgenden Tabellen geben eine Übersicht über die empfohlenen Lebensmittelkombinationen in der Entgiftungs- und Umstellungsphase nach dem SOS-Prinzip.

Tag	Entgiftung	morgens, mittags, abends und auch, wenn der kleine Hunger kommt				
1	Sonntag	Obst, Obst und noch mal Obst in Hülle und Fülle				
2	Montag	morgens 1 Kartoffel danach Gemüse				
3	Dienstag	Obst und		Gemüse		
4	Mittwoch	Mandelmilch (o.Ä.) und bis zu 8 Bananen		sowie die Gemüsesuppe		
5	Donnerstag	Fleisch oder	Fisch oder	Geflügel	und	Tomaten
6	Freitag	Fleisch oder	Fisch oder	Geflügel	und	Gemüse
7	Samstag	Brauner Reis	Gemüse	und	frisch gepresste Fruchtsäfte	

Tag	Umstellung	mittags	abends bis 19 Uhr
1	Sonntag	Obst	Gemüse
2	Montag	Gemüse	Shrimps
3	Dienstag	Hühnchen	Gemüse
4	Mittwoch	Gemüse	Gemüse
5	Donnerstag	Lachs	Gemüse
6	Freitag	Kartoffeln	Kabeljau
7	Samstag	Obst	Gemüse
8	Sonntag	Gemüse	Rindfleisch
9	Montag	Pute	Obst/Quinoa
10	Dienstag	Gemüse	Gemüse
11	Mittwoch	Rindfleisch	Gemüse
12	Donnerstag	Lachs	Gemüse
13	Freitag	Gemüse	Thunfisch
14	Samstag	Gemüse	Shrimps
15	Sonntag	Hühnchen	Gemüse
16	Montag	Gemüse	Gemüse
17	Dienstag	Gemüse	Gemüse
18	Mittwoch	Gemüse/Pilze	Shirataki/Ei
19	Donnerstag	Hühnchen	Gemüse
20	Freitag	Obst/Gemüse	Lachs
21	Samstag	Gemüse	Rindfleisch

21 Ideen für Ihre tägliche Wasserration

Jeweils in 2 Liter stilles Wasser, sowie optional 1 Esslöffel aufgequollene Chia-Samen.

Vorschlag 1: 1 Zimtstange, 2 Scheiben frische Biozitrone (mit Schale), ein paar Minzeblätter

Vorschlag 2: ¼ Salatgurke und ½ frische Biozitrone mit der Schale in Würfel schneiden, ein paar Minzeblätter

Vorschlag 3: Saft von 2 Zitronen, 1 Rhabarberstange in Stücke schneiden, ½ Mandarine schälen und in Spalten zerteilt

Vorschlag 4: ¼ Salatgurke würfeln, 8 frische Himbeeren, 1 EL frisch gepresster Zitronensaft

Vorschlag 5: 1 EL Apfelessig, ¼ Salatgurke in Scheiben schneiden, 1 Handvoll Minzeblätter, ¼ TL Honig

Vorschlag 6: 2 Zimtstangen, 4 Brombeeren (halbiert), 4 Erdbeeren (halbiert), ¼ Salatgurke mit der Schale in Würfel schneiden, 1 Handvoll frische Minzeblätter

Vorschlag 7: 2 Zimtstangen, 1 Rhabarberstange in Stücke schneiden, 1 Mandarine schälen und das Fleisch zerteilen

Vorschlag 8: 1 Scheibe frische Ananas würfeln, 2 Scheiben Biozitrone (mit Schale), ¼ Salatgurke würfeln

Vorschlag 9: 1 Zimtstange, 5 Erdbeeren vierteln

Vorschlag 10: 8 Brombeeren halbieren, ¼ Salatgurke würfeln, ½ Biozitrone mit der Schale in Scheiben schneiden, 1 Handvoll Minzeblätter, 1 EL Apfelessig, ¼ TL Manuka-Honig (nicht in der Entgiftungswoche)

Vorschlag 11: ¼ Apfel mit Schale in Scheiben schneiden, ½ Biozitrone mit Schale in Würfel schneiden, ein paar Minzeblätter

Vorschlag 12: 1 Handvoll rote Johannesbeeren (eingeschnitten), 1 Handvoll frische Minzeblätter, ¼ Salatgurke in Scheiben schneiden, 1 Zimtstange

Vorschlag 13: 2 Zimtstangen, ½ Bioorange mit der Schale in Scheiben schneiden

Vorschlag 14: 1 Rhabarberstange in Stücke schneiden, ½ Kiwi schälen und in Scheiben schneiden, 1 Zimtstange

Vorschlag 15: 1 Handvoll frische Minzeblätter, Gurkenstücke, 2 Biozitronenscheiben (mit Schale)

Vorschlag 16: 1 Kiwi schälen und in Scheiben schneiden, 1 Zimtstange

Vorschlag 17: 1 Kiwi schälen und würfeln, 2 Zimtstangen, 3 Bioorangenscheiben (mit Schale)

Vorschlag 18: 1 Zimtstange, 1 Handvoll frische Minzeblätter

Vorschlag 19: 4 Bioorangenscheiben (mit Schale), ½ Kiwi schälen und würfeln, 2 Zimtstangen, 5 Erdbeeren vierteln

Vorschlag 20: 1 Rhabarberstange in Stücke schneiden, 2 Zimtstangen

Vorschlag 21: 1 EL Apfelessig, ¼ Salatgurke würfeln, 10 Himbeeren, 1 Zimtstange

1. Woche Entgiftung

TAG 1
Sonntag

Sofort nach dem Aufstehen ein Glas stilles, raumtemperiertes Wasser trinken.

OBST IN HÜLLE UND FÜLLE – ABER KEINE BANANEN!

Essen Sie heute so viel Obst, wie und wann Sie mögen – morgens, mittags, abends und immer dann, wenn Sie Hunger bekommen. In der Entgiftungswoche gibt es keine Uhrzeitbeschränkung. Besonders geeignet sind Wassermelonen, da sie helfen, das Gewicht schnell zu reduzieren. Das Obst sollte heute gekaut werden, daher nicht pürieren, nicht braten oder zum Smoothie verarbeiten. So wäre es für die Entgiftung optimal!

Nicht vergessen: Essen Sie heute bitte KEINE Bananen!

Trinken Sie über den Tag verteilt mindestens 2 Liter stilles Wasser. Sie dürfen es auch gerne verfeinern, siehe Vorschlag 1, Seite 17.

Ungesüßter schwarzer Kaffee ist erlaubt. Für eine leichte Crema 1 TL Kokosnussöl zum Kaffee geben und mit dem Milchaufschäumer so lange verquirlen, bis alle »Fettaugen« verschwunden sind.

Bis 16 Uhr können Sie sich auch Matcha-Tee zubereiten. Das hält fit.

Papaya-Ananas-Trauben-Boot

....

Ergibt 1 Portion

1 Backofen auf 180 Grad vorheizen. Aus einer ½ Papaya mit einem Esslöffel die Kerne entfernen. In die Aushöhlung gewürfelte Ananasstücke und halbierte Trauben füllen.

2 Einige Spritzer frisch gepressten Zitronensaft darüberträufeln. Mit 1 Prise Himalaya-Salz, Chilipulver und gemahlener Kurkuma würzen. 12 Minuten im Ofen backen.

VARIANTE

Sie können die halbierte Papaya auch mit anderen Früchten füllen. Sehr gut schmecken gewürfelte Pflaumen, Mango und Äpfel sowie frische entsteinte Kirschen und Stachelbeeren.

Beeren-Kiwi-Pfefferminz-Teller

Ergibt 1 Portion

1 Erdbeeren putzen, waschen, trocken tupfen und halbieren oder vierteln. Himbeeren nur wenn nötig kurz abbrausen und gut trocken tupfen. Erdbeeren, Himbeeren und Blaubeeren auf einem großen Teller verteilen.

2 Kiwi schälen, würfeln und zu den Beeren geben. Ein paar grüne Pfefferkörner darüberstreuen. Mit gemahlener Kurkuma würzen und grob gehackte Minzeblätter darüber verteilen.

Mein Tipp

Ob Wassermelone, Honigmelone, Cantaloupe oder Galia: alle Melonensorten haben eine stark faserige Struktur. Diese Fasern bewirken eine intensive Darmreinigung. Und nicht nur das! Wassermelone enthält eine hohe Konzentration der Proteinsäure Citrullin, die dem Körper hilft, Giftstoffe auszuspülen und aus der Leber und den Nieren Ammoniak herauszufiltern.

Übrigens: Durch intensives Training wird in den Muskeln Ammoniak gebildet, wodurch sie übersäuern. Deshalb bekommt man nach viel Sport Muskelkater. Citrullin hilft, das Ammoniak wieder auszuschwemmen. Wenn Sie also nach dem nächsten Training Muskelkater haben, einfach reichlich Wassermelone essen.

TAG 2
Montag

Direkt nach dem Aufstehen an das nun tägliche Ritual denken und ein Glas stilles, raumtemperiertes Wasser trinken.

Auch heute – und an allen anderen Tagen gilt: Trinken Sie über den Tag verteilt mindestens 2 Liter stilles Wasser. Zur Abwechslung geben wir heute ein paar Gurkenscheiben (mit oder ohne Schale) und zwei Zimtstangen in das Wasser. Oder siehe Vorschlag 2, Seite 17.

KARTOFFEL UND GEMÜSE

Starten Sie Ihren Tag mit einer gekochten Kartoffel. Die Größe der Kartoffel spielt keine Rolle. Doch essen Sie an diesem Tag nur diese eine Kartoffel und keine weiteren! Verfeinern Sie die gekochte Kartoffel mit etwas Kokosnussöl und/oder ein paar Flöckchen Schafs- oder Ziegenbutter.

Essen Sie danach und auch zwischendurch so viel Gemüse, wie und wann Sie mögen. Aber bitte verzehren Sie keine Bohnen jedweder Art, keinen Mais, keine Erbsen, keine Kichererbsen, keine Pilze, kein Sauerkraut, keinen Kürbis und keine Süßkartoffeln!

Wenn Sie Lust auf Suppe haben, empfehle ich SADERI KRIM – Sellerie-Apfel-Walnuss-Cremesuppe (siehe Seite 53), jedoch ohne Äpfel und Walnüsse.

MITTAGESSEN

Gemüsepfanne mit Ingwer

....

Ergibt 1 Portion
Gemüse Ihrer Wahl
(bitte die Gemüseregel beachten)
1 kleines Stück Ingwer
1 EL Kokosnussöl
etwas Himalaya- oder Steinsalz
frische Kräuter nach Belieben

1   Gemüse gründlich waschen und in mundgerechte Stücke schneiden. Zwiebeln und Knoblauch nach Belieben fein hacken. Ingwer schälen und reiben.

2   Kokosnussöl in eine erhitzte Pfanne geben. Knoblauch, Zwiebeln und Ingwer kurz anbraten, anschließend das Gemüse je nach Härtegrad im Abstand von 1 Minute hinzufügen: zuerst harte Sorten (z.B. Möhren), danach mittelfeste (z.B. Brokkoli), dann weiche (z.B. Lauch). Wenn alle Gemüsesorten in der Pfanne sind, mit einem Holzlöffel kurz durchmischen.

3   Mit etwas Himalaya- oder Steinsalz abschmecken. Frische Kräuter nach Belieben darüberstreuen.

VARIANTE

Nach 2 Minuten Garzeit etwas Austernsoße und etwa ½ Tasse Wasser auf das Gemüse geben. Kurz durchmischen, Deckel auf die Pfanne oder den Wok legen, Temperatur ausschalten und 1 Minute ziehen lassen.

Mein Tipp

Brokkoli hilft, Schmerzen in den Gelenken zu lindern. Zwiebeln helfen bei der Regenerierung und sind nicht nur während der Entgiftungsphase sehr wichtig. Basilikum stabilisiert die Knochen. Frisch geraspelter Ingwer senkt Entzündungen und ist gut für den Magen.

ABENDESSEN

Gefüllte Grünkohlrouladen

Ergibt 2 Portionen
4 große Grünkohlblätter
Himalaya- oder Steinsalz
400 g Brokkoli
3 Knoblauchzehen
1 große Zwiebel
Kokosnussöl
schwarzer Pfeffer aus der Mühle
gemahlene Kurkuma
Chilipulver

1   Grünkohlblätter kurz in Salzwasser blanchieren, herausnehmen und beiseitelegen. Brokkoli putzen, in Röschen teilen und waschen. Ebenfalls in Salzwasser gar dünsten. Knoblauchzehen und Zwiebel schälen und klein hacken.

2   In einer Pfanne Kokosnussöl erhitzen, Knoblauch und Zwiebel darin anschwitzen. Dann mit dem Brokkoli in einen Topf geben und mit dem Stabmixer pürieren. Mit etwas Himalaya- oder Steinsalz, Pfeffer, ½ TL Kurkuma und 1 Prise Chilipulver würzen.

3   Die Brokkolimischung auf die Grünkohlblätter verteilen, dabei rundum einen Rand frei lassen. Blattränder unten und an den Seiten über die Füllung klappen und die Blätter von unten aufrollen. Grünkohlrouladen mit Garn verschnüren und in einer Pfanne mit Kokosnussöl rundum anbraten.

TAG 3
Dienstag

GEMÜSE UND OBST IN HÜLLE UND FÜLLE

Kohlenhydrate aus Früchten ersetzen heute die Kartoffel. Unser Körper ist nun bereit, den Brennvorgang zu starten, um überschüssige Pfunde zu verlieren. Wenn Sie Heißhunger auf bestimmte Nahrungsmittel haben, genießen Sie geeiste Brombeeren mit Mangopüree. Dafür Brombeeren 30 Minuten in die Gefriertruhe geben. Das Fruchtfleisch 1 reifen Mango pürieren, geeiste Brombeeren ebenfalls kurz pürieren und mit dem Mangopüree übergießen.

Und denken Sie daran: Ab Tag 4 schwächt sich das Heißhungergefühl ab.

Wer möchte, kann das stille Wasser heute mit Brombeeren, frischer Ananas und 2 Zimtstangen aromatisieren. Oder siehe Vorschlag 3, Seite 17.

Vom gestrigen Gemüse ist noch genügend übrig? Dann dünsten Sie es und genießen es zwischendurch.

FRÜHSTÜCK

MERAH NANAS
Erdbeer-Ananas-Chia-Pudding

....

Ergibt 1 Portion

100 g frische Erdbeeren, geviertelt
100 g frische Ananas (1 dicke Scheibe),
fein gewürfelt | ¼ TL frischer geriebener Ingwer
¼ TL gemahlene Kurkuma | 100 ml stilles Wasser

1 EL Kokosnussöl | 1 EL Chia-Samen
1 Erdbeere mit Blatt zum Garnieren

1   Früchte, Ingwer und Kurkuma mit dem Wasser pürieren.

2   Kokosnussöl mit dem Pürierstab unterschlagen, dabei viel Luft einziehen, sodass sich eine cremige Konsistenz ergibt.

3   Chia-Samen untermischen und für 2 Stunden abgedeckt in den Kühlschrank stellen.

4   Mit einer Erdbeere garniert servieren.

MITTAGESSEN

Rucolasalat mit frischen Himbeeren und Chia-Samen

....

Ergibt 1 Portion
Für den Salat
Rucolablätter | frische Himbeeren
1 EL Chia-Samen (getrocknet oder gequollen)

Für die Vinaigrette
frisch gepresster Zitronensaft
Himalaya-Salz | frische Kräuter
frischer Ingwer, geraspelt
Knoblauch, zerdrückt oder fein gehackt

Für den Salat Rucola und Himbeeren waschen, putzen und abtropfen lassen. Für die Vinaigrette

ABENDESSEN

Zucchinitaler
im Chia-Mantel

....

Ergibt 1 Portion
1 EL gemahlene Chia-Samen
¼ TL gemahlene Kurkuma | ¼ TL Himalaya-Salz
1 große gelbe Zucchini | 1–2 Knoblauchzehen
1 EL Kokosnussöl

1 Chia-Samen, Kurkuma und Salz mischen und auf einen Teller geben. Zucchini waschen, putzen und in etwa 1½ cm dicke Scheiben schneiden. Knoblauch schälen und fein hacken.

2 Zucchinischeiben in der Panade wälzen und auf einen Teller legen. Kokosnussöl in einer Pfanne erhitzen. Knoblauch dazugeben und die panierten Zucchinitaler bei mittlerer Hitze darin von beiden Seiten braten, bis sie außen knusprig und innen gar sind.

3 Zucchinitaler auf einem Teller anrichten und die gerösteten Knoblauchzehen darübergießen

die Zutaten je nach Menge des Salats bemessen und gründlich mischen.

Rucola auf einem Teller anrichten und die Himbeeren darauf verteilen. 1 EL Chia-Samen darüberstreuen. Mit der Vinaigrette übergießen und gleich servieren.

VARIANTE

Blumenkohl, Brokkoli, Pastinaken, Möhren und andere Gemüsesorten zum Rucola geben und mit der Vinaigrette übergießen.

Oder Gemüsepfanne von Tag 2 zubereiten.

Mein Tipp

....

Bereiten Sie sich schon heute Abend die Bananen-Zimt-Kurkuma-Nocken vor, die für morgen zum Frühstück auf dem Plan stehen.

TAG 4
Mittwoch

BANANEN, MILCH UND GEMÜSESUPPE

Heute dürfen Sie bis zu 8 Bananen essen und bis zu 1 Liter Milch (aber keine Kuhmilch) trinken. Die Mahlzeiten werden mit einer Gemüsesuppe kombiniert. Diese Suppe ist als Ergänzung zu Ihrer Ernährung während der Entgiftungswoche bestimmt. Sie kann ab dem vierten Tag zu jeder Zeit des Tages in nahezu unbegrenzten Mengen verzehrt werden. Bewahren Sie die restliche Suppe im Kühlschrank und nicht länger als zwei Tage auf.

Falls Sie absolut keine Bananen mögen, können Sie stattdessen auch Avocados essen: ½ Avocado pro Mahlzeit! Aber bitte nicht mischen, entweder Bananen oder Avocado an Tag 4, nicht beides!

FRÜHSTÜCK

Bananen-Zimt-Kurkuma-Nocken

······························

Ergibt 300 ml
2 Bananen
250 ml Mandelmilch | 1 TL Zimt
¼ TL gemahlene Kurkuma
1 Prise Himalaya-Salz
1 EL Kokosnussöl | 2 EL Chia-Samen
etwas Matcha-Tee-Pulver
zum Garnieren, nach Belieben

1   Bananen schälen und zusammen mit Mandelmilch, Zimt, Kurkuma und Salz mit einem Zauberstab pürieren.

2   Anschließend das Kokosnussöl zugeben und erneut pürieren. Arbeiten Sie viel Luft ein, indem Sie den Zauberstab immer wieder aus der Masse herausheben und wieder hineintunken. So entsteht eine schöne cremige Konsistenz.

3   Chia-Samen mit einem Löffel unterrühren und alles für mindestens 30 Minuten in den Kühlschrank stellen.

4   Mit zwei Esslöffeln gleich große Nocken formen und paarweise wie Schmetterlingsflügel auf einem Teller anrichten. Mit Matcha-Tee-Pulver nach Belieben dekorieren.

VARIANTE

Die Masse können Sie auch ganz einfach in ein hohes Glas füllen und als Pudding servieren. Nach Wunsch Bananenscheiben und Pudding abwechselnd schichten – eine schöne Option!

Oder 1–2 Bananen, 200 ml Mandelmilch, ¼ TL Zimt und 1 EL aufgequollene Chia-Samen zum Bananen-Shake mixen.

MITTAGESSEN

2 Bananen schälen, längs halbieren und in einen großen Suppenteller legen. 2 EL Kokosnussöl, 1 TL Zimt, 200 ml Mandelmilch und ¼ TL Kurkuma in eine kleine Kasserolle geben, verrühren, kurz aufkochen lassen und über die Bananenhälften gießen.

ABENDESSEN

Bananendrink aus Mandelmilch, Zimt und Chia-Samen oder/und die Gemüsesuppe.

Gemüsesuppe –
nicht nur für die Entgiftungswoche

Ergibt etwa 4–5 Portionen

2 grüne Paprikaschoten, entkernt
½ mittelgroßer Grünkohl | 3 Stangen Sellerie
6 große Zwiebeln | 9 frische Tomaten | 1 l Wasser
frische Kräuter und Himalaya-
oder Steinsalz nach Geschmack

1 Gemüse und Kräuter unter fließend kaltem Wasser gründlich waschen.

2 Paprika, Grünkohl, Sellerie und Zwiebeln klein schneiden. Tomaten vierteln.

3 Wasser und Gemüse in einen großen Topf geben. Aufkochen lassen und danach auf mittlere Hitze herunterschalten. Etwa 10–15 Minuten köcheln lassen, bis das Gemüse weich ist. Nach Belieben pürieren.

4 Die Kräuter dazugeben und die Suppe mit Salz abschmecken.

VARIANTE

Die Gemüsesorten dieser wohlschmeckenden Suppe können variiert werden. Falls Sie keinen Grünkohl mögen, lassen Sie ihn weg oder ersetzen Sie ihn durch frische Spinatblätter. Optimal sind alle grünen Gemüsesorten, da sie einen hohen Chlorophyllanteil aufweisen, der die Entgiftung unterstützt. Aber keine Bohnen jeglicher Art, keinen Mais, keine Erbsen (auch keine Kichererbsen), keine Pilze, keinen Kürbis, keine Süßkartoffeln hinzugeben!

Mein Tipp

Bananen enthalten Kieselsäure und stärken Sehnen und Bänder. Avocado macht satt und ist gut für die Muskulatur. Denken Sie aber bitte daran: entweder nur Bananen oder nur Avocados!

TAG 5
Donnerstag

RINDFLEISCH UND TOMATEN

Heute ist ein Festtag! Sie dürfen über den ganzen Tag verteilt insgesamt 560 g mageres Rindfleisch (z.B. Filetsteak) essen. Kochen, braten oder grillen Sie das Fleisch (immer in Kokosnussöl) ganz nach Lust und Laune. Wenn Sie weniger Fleisch essen möchten: Morgen ist auch noch ein (Fleisch-)Tag!

Anstelle des Rindfleischs können Sie Lamm, Wild, Bison, Fisch, Huhn und Pute essen. Denken Sie aber bitte an die SOS-Regel: Geflügel immer ohne Haut verzehren!

Kombinieren Sie das Fleisch heute jeweils mit 6 frischen Tomaten, das heißt: Über den Tag verteilt essen Sie insgesamt 12 Tomaten.

Am besten zeigen die Tomaten ihre Wirkung, wenn sie weder gekocht noch gebraten oder gegrillt werden. In rohen Tomaten sind noch alle Vitamine und Mineralien enthalten.

Anstelle der Tomaten können Sie auch einen frischen grünen Salat zum Fleisch essen. Für die Vinaigrette ausschließlich frisch gepressten Zitronensaft, kalt gepresstes Olivenöl (erste Pressung) oder Arganöl, Himalaya- oder Steinsalz und gemahlene Papayakerne und Pfeffer aus der Mühle verwenden und nach Belieben mit Knoblauch und Zwiebeln abschmecken.

WICHTIG: Heute müssen Sie Ihre Wasseraufnahme unbedingt erhöhen! Das wird die vermehrte Harnsäure, die Ihr Organismus produziert, aus Ihrem Körper spülen.

Heute können Sie Ihre tägliche Wasserration mit frisch geschältem Ingwer, etwas frisch gepresstem Zitronensaft und Gurkenscheiben verfeinern. Oder siehe Vorschlag 5, Seite 17.

Ihr Körper benötigt heute Proteine und Eisen. Die Tomaten unterstützen die Verdauung, sie sollten roh zum Fleisch gegessen werden.

MITTAGESSEN

Gebratenes Rindfleisch an Tomaten

1 EL Kokosnussöl in eine erhitzte Pfanne geben, gehackten Knoblauch und/oder Zwiebeln dazugeben und das Fleisch darin braten. Anschließend nach Belieben würzen und zusammen mit frischen, in mundgerechte Stücke geschnittenen Tomaten essen. Wer mag, kann das Fleisch mit grob gehackten Basilikumblättern und Schnittlauch garnieren.

VARIANTE FÜR FISCHLIEBHABER

Wer lieber Fisch mag, kann sich eine Fischpfanne zubereiten. Dafür Ingwer schälen und in Sticks schneiden. Frühlingszwiebeln waschen, putzen und bis auf das dunkle Grün in Scheiben schneiden. ½ frische Chilischote putzen und klein hacken. Fisch mit Ingwer, Frühlingszwiebeln und Chili in Gemüsebrühe gar köcheln. Dazu die Tomaten essen. Voilà!

1   Backofen auf 120 Grad vorheizen. Knoblauch und Zwiebel schälen. Knoblauch klein hacken, Zwiebel in Ringe schneiden. Das Kokosnussöl in eine erhitzte Pfanne geben, Zwiebel und Knoblauch darin andünsten.

2   Das Fleisch dazugeben und von beiden Seiten kräftig anbraten. Mit Salz und Pfeffer würzen und auf einem Backblech im Ofen 10–15 Minuten garen.

3   Tomaten waschen, vierteln und auf einem Teller anrichten. Mit den Zwiebeln und dem Knoblauch aus der Pfanne übergießen und das fertig gegarte Fleisch dazulegen.

Hinweis für Veganer und Vegetarier

Ersetzen Sie das Fleisch durch die Ihnen bekannten Lebensmittel. Heute geht es um eine ausreichende Zufuhr von Proteinen. Gute Eiweißlieferanten sind beispielsweise grüne Blattgemüse wie Spinat, Grünkohl, Brokkoli, Brunnenkresse, Rosenkohl, Blumenkohl, Senfblätter, Champignons (Achtung, sie sind abends schwer verdaulich), Zucchini und Lupinen, aber auch Tempeh, Miso, Natto und Bio-Eier (nicht für Veganer). Zu Tofu und anderen Sojaprodukten siehe den Hinweis auf Seite 136.

ABENDESSEN

Rindfleisch mit Zwiebeln aus dem Ofen

3–4 Knoblauchzehen
½ Zwiebel | 1 EL Kokosnussöl
280 g Rinderfiletsteak
Himalaya- oder Steinsalz
schwarzer Pfeffer aus der Mühle
Tomaten

Auch an diesem Tag können Sie das Rindfleisch durch Lamm, Wild, Bison, Hühnchen, Pute oder Fisch ersetzen und als Alternative zum Gemüse einen frischen grünen Salat verzehren. Verwenden Sie für die Salatsoße ausschließlich frisch gepressten Zitronensaft. Bitte keinen Balsamico!

Hinweis für Veganer und Vegetarier: siehe Tag 5!

Fleischideen

Bereiten Sie sich ein köstliches Roastbeef zu. Würzen Sie es mit Himalaya-Salz, etwas schwarzem Pfeffer aus der Mühle, frischen Kräutern Ihrer Wahl und geben Sie etwas Kokosnussöl (oder Arganöl) darüber.

Oder probieren Sie ein leckeres mageres Rindertatar mit Zwiebeln, etwas Knoblauch und frischen Kräutern. Das Fleisch kann auch in etwas Kokosnussöl gebraten werden.

Reichen Sie dazu gekochtes Gemüse, wie beispielsweise Brokkoli, Spargel, Rosenkohl, Möhren oder Aubergine.

TAG 6
Freitag

RINDFLEISCH UND GEMÜSE

Heute geht es insbesondere um die Zufuhr von Proteinen und Eisen, das unser Organismus aus dem Rindfleisch bekommt. Das Gemüse versorgt ihn mit Ballaststoffen und Vitaminen.

Deshalb können Sie eine unbegrenzte Menge an magerem Rindfleisch und Gemüse verzehren. Essen Sie nach Herzenslust. Sie werden überrascht sein, wie wenig das sein wird.

Mein Tipp

Bisonfleisch hat im Vergleich zu anderen Fleischsorten einen hohen Gehalt an Eisen, auch der Fettgehalt ist wesentlich geringer. Es sollte aber vorsichtig zubereitet werden. Aufgrund seines geringen Wasser- und Fettgehalts wird nur etwa die Hälfte der Garzeit bei niedrigerer Temperatur benötigt.

GEMÜSEIDEEN

Wem es schwerfällt, eine unbegrenzte Menge an magerem Rindfleisch, Fisch oder Hühnchen zu essen, wie es für heute empfohlen wird, kann auch nur Gemüse wie Möhren, Spinat, Sellerie, Fenchel, Rosenkohl, Rote Bete, Aubergine, Zucchini, Blumenkohl, Gurken, grünen Spargel oder Brokkoli zubereiten.

Mein Vorschlag: Dünsten Sie morgens Gemüse Ihrer Wahl, genießen Sie eine andere Auswahl mittags in Kokosnussöl gebraten und lassen Sie es sich abends wieder gedünstet schmecken. Zwischendurch können Sie blanchierte Möhren-, Zucchini-, Staudensellerie- und Kohlrabi-Sticks zubereiten, die Sie immer dann knabbern, wenn der kleine Hunger kommt.

Prima sind auch Gemüse-Fleisch Kombinationen Aus Zucchini und Möhren lassen sich mit einem Gemüseschäler lange, breite Streifen zu »Nudeln« abziehen. Über diese Gemüsenudeln etwas Kokosnussöl gießen oder ganz kurz im heißen Öl in einer Pfanne schwenken und mit Himalaya-Salz, schwarzem Pfeffer aus der Mühle, Koriander, Kurkuma und wenig Chili würzen. Dazu ein kross gebratenes Hühnerfilet servieren.

Auch sehr fein: Möhren in dünne Scheiben schneiden, Rosenkohl halbieren und gar dünsten. Mit Himalaya- oder Steinsalz und schwarzem Pfeffer aus der Mühle würzen und Roastbeef-Scheiben (kalt oder warm) dazu servieren.

Zu einer Portion Fisch schmeckt ein Möhren-Ingwer-Püree sehr gut. Dafür Möhren in Salzwasser gar kochen, abgießen und in eine Metallschüssel geben. Etwas Ziegenbutter, Kokosnussöl, geraspelten fri-schen Ingwer und gemahlene Kurkuma dazugeben und zu Püree stampfen. Dann ein Fischfilet Ihrer Wahl in Kokosnussöl braten, mit Himalaya- oder Steinsalz und Pfeffer leicht würzen. Mit dem Möhren-Ingwer-Püree servieren.

Aus Zucchini und Möhren »Nudeln« herstellen und mit kross gebratenem Hühnchenfilet servieren. Über die Gemüsenudeln können Sie etwas Kokosnussöl gießen. Mit Himalaya-Salz, schwarzem Pfeffer, Koriander, Kurkuma und ein wenig Chili würzen.

GETRÄNKETIPPS

Die tägliche Wasserration kann mit 2 Zimtstangen, einem großen Stück geschältem Ingwer und frischen Minzeblättern verfeinert werden. Oder siehe Vorschlag 6, Seite 17.

Sie können sich zusätzlich auch einen Detox-Drink zubereiten: Matcha-Tee aufbrühen, mit stillem Wasser auffüllen, Zitronenscheiben und ein paar Spritzer Zitronensaft dazugeben. Bis 16 Uhr trinken, da Matcha-Tee anregend wirkt und Sie sonst später vielleicht nicht schlafen können.

TAG 7
Samstag

BRAUNER REIS, GEMÜSE UND FRUCHTSÄFTE

Der siebte Tag beendet die Entgiftungswoche. Ihr Organismus ist nun »gespült und gereinigt«, jetzt kann die Fettverbrennung so richtig beginnen. Die ersten Kilos sind bereits gepurzelt. Sollten Sie eine weitere Gewichtsreduzierung wünschen, spricht nichts dagegen, das Entgiftungsprogramm noch einmal zu wiederholen und erst danach in die Ernährungsumstellung zu gehen. Die Entscheidung liegt bei Ihnen.

Heute wird Ihre Nahrungsaufnahme aus braunem Reis, frisch zubereiteten Fruchtsäften und leckeren Gemüsesorten ganz nach Ihrem Geschmack bestehen (aber keinerlei Bohnen, kein Mais, keine Erbsen, keine Linsen, keine Pilze und auch kein weißer Reis).

Hinweis

....

Brauner Reis wird oft auch als »Naturreis« oder »Cargo-Reis« deklariert. Er wird nach der Ernte in der Reismühle nur von seiner ungenießbaren Spelze befreit. Sein Keimling und das Silberhäutchen bleiben erhalten und somit auch die Mineralstoffe und viele Vitamine. Brauner Reis schimmert deshalb silbergrau bis rötlichbraun.

Wenn Sie keinen Reis mögen, lassen Sie ihn weg oder ersetzen ihn durch Quinoa.

Wenn Sie keinen Entsafter haben, können Sie die Früchte auch pürieren und mit stillem Wasser zu einem frischen Saft verdünnen.

Bunter Gemüseteller mit Reis

....

Aus Möhren ein Püree herstellen. Rote und grüne Paprikaschoten, Knoblauch und Zwiebeln sehr fein hacken, mit Salz und Pfeffer würzen und mit gekochtem braunem Reis in einer Pfanne in etwas Kokosnussöl braten. Auf einem Teller dekorativ anrichten.

Oder probieren Sie UBI BIT – Rote-Bete-Stäbchen-Salat (siehe Seite 49) – während der Entgiftungsphase aber bitte ohne Topinambur!

GEMÜSEIDEEN

Wer mag, lässt sich bereits zum Frühstück herzhafte Auberginenscheiben schmecken. Dafür Aubergine in Scheiben schneiden, Knoblauch schälen und fein hacken. Auberginenscheiben in Kokosnussöl von beiden Seiten braten, Knoblauch dazugeben und mitbraten. Alles mit gemahlener Kurkuma, Himalaya- oder Steinsalz verfeinern und am Ende mit einem Hauch Zimtpulver bestreuen.

Mittags schmeckt ein Möhrenpüree mit Bällchen aus braunem Reis oder eine Suppe aus gedünsteten Möhren, die mit frisch geriebenem Ingwer und gehackten Kräutern nach Wahl verfeinert wird.

1 Gemüse und Apfel in den Entsafter geben.

2 Einige Spritzer Öl in ein hohes Trinkglas (250 ml) geben. Anschließend mit dem frisch gepressten Saft auffüllen und umrühren. Fertig!

Mein Tipp

Der regelmäßige Verzehr von Roter Bete (mindestens dreimal pro Woche) verbessert die Blutwerte enorm. Genießen Sie die gesunde Knolle gekocht, roh, als Saft oder als Salat!

FRUCHTSAFTIDEEN

Für frisch zubereitete Fruchtsäfte eignen sich alle Obstsorten, die von der Entgiftungswoche noch vorhanden sind: Blaubeeren, Äpfel, gekochter Rhabarber, Mango, Orange. Je nach Sorte geschält oder ungeschält in den Entsafter geben oder auspressen bzw. pürieren. Ein paar Tropfen Kokosnussöl oder kalt gepresstes Olivenöl ins Glas geben, bevor der Saft hinzukommt. So können die fettlöslichen Vitamine am besten von unserem Organismus aufgenommen werden.

Am Abend können beispielsweise Zucchini oder Möhren zu Gemüsespaghetti geschnitten werden, entweder mit einem speziellen Spiralschneider oder einfach mit einem Gemüseschäler dünne breite Streifen abziehen. Kurz in Öl schwenken und mit frisch gemahlenen Gewürzen abschmecken.

Leckerer Vitaminsaft

4 kleine Rote Bete, geschält
6 mittelgroße Möhren, geputzt
1 Apfel | einige Spritzer kalt gepresstes Oliven-,
Argan- oder Kokosnussöl

Bis zu fünf Kilo leichter …

Nach den sieben Entgiftungstagen dürften Sie drei bis fünf Kilo weniger wiegen – vorausgesetzt, Sie haben sich exakt an den Entgiftungsplan gehalten. Sie haben Ihr gesamtes System, speziell Ihr Verdauungssystem und den Magen, gründlich entgiftet und damit einen großen Schritt in Richtung Gesundheit getan. Wenn Sie eine weitere Gewichtsabnahme wünschen, wiederholen Sie Tag 1–7. Doch vergessen Sie nicht, es geht bei diesem Programm um eine natürliche Entgiftung des Organismus. Dass dabei die Pfunde purzeln, ist ein willkommener Nebeneffekt. Ihr System wird gereinigt, um es für eine wirkungsvolle Ernährungsumstellung vorzubereiten und damit dauerhaft überflüssige Kilos zu verlieren. Dieser Reinigungsprozess ist elementar wichtig. Wenn wir eine Blume in ausgelaugte, harte Erde einsetzen, wird sie nicht gedeihen. Da können wir noch so viel gießen. Pflanzen wir sie in neue, nährstoffreiche Erde ein, wird sie sich zu einer wundervollen Blume entwickeln. Aber bitte das Gießen nicht vergessen! Mit anderen Worten: Trinken Sie während Ihres Programms ausreichend Wasser. Wenn Sie Kopfschmerzen bekommen oder sich unwohl fühlen, bis hin zu Übelkeit, was eventuell vorkommen kann, ist das zunächst ein eindeutiges Signal Ihres Körpers, mehr zu trinken! Nach der Entgiftung werden Sie bemerken, dass Ihr Körper bestimmte Lebensmittel komplett ablehnt. Es kann passieren, dass Sie sich nach dem Genuss von altbekannten Speisen unwohl bis sehr schlecht fühlen und der Bauch aufgebläht ist. Diese Symptome Ihres Körpers können sich noch verstärken, wenn Sie während der Ernährungsumstellung einen Sündentag mit allem Drum und Dran einlegen. Unser Körper ist nämlich schlau, sehr schlau sogar! Er merkt sehr schnell, was ihm guttut und was nicht.

Ab morgen beginnen Sie mit der Ernährungsumstellung. Ich wünsche Ihnen viel Spaß beim Zubereiten der Rezepte!

Mein Tipp

Zimt, Ingwer und Zitrone im Wasser fördern den Entgiftungsprozess enorm.

Hinweis

Sie können in der Entgiftungszeit aufkommenden Hungergefühlen mit gelierten Chia-Samen entgegensteuern, die sehr gut sättigen. Bis zu 4 Esslöffel pro Tag sind erlaubt. Für das Chia-Gel 200 ml stilles Wasser in einen verschließbaren Glasbehälter oder eine Glasschale mit Deckel geben und 2 Esslöffel Chia-Samen hineinrühren. 15 Minuten quellen lassen, danach ist das Chia-Gel verzehrbereit.

2. bis 4. Woche: Ernährungsumstellung

Auf den folgenden Seiten finden Sie für jeden einzelnen Tag leckere Rezeptideen, Varianten und wertvolle Tipps, damit die Ernährungsumstellung auch bei Ihnen gut gelingt.

Bitte beachten Sie:

- Trinken Sie an jedem Tag direkt nach dem Aufstehen 1 Glas raumtemperiertes stilles Wasser. Bitte kein Sprudelwasser!

- Starten Sie den Tag mit einer guten Portion Proteine, reichlich Omega-3 und pflanzlichem Fett. Bitte nicht vergessen: Essen Sie das Obst immer zuerst!

- Zum Frühstück, das meist aus einem Müsli besteht, gibt es auch eine Scheibe Brot. Sie ist jedoch kein Muss. Falls Ihnen ein Müsli und zusätzlich eine Scheibe Brot zu viel sind, essen Sie nur das Müsli. Doch essen Sie sich satt, denn das Frühstück ist die wichtigste Mahlzeit – an allen Tagen!

- Wenn Sie eine zweite Scheibe Brot essen möchten oder ein weiteres Müsli, dürfen Sie das gerne tun!

- Jeden Tag können Sie zum Frühstück Kaffee oder Tee trinken. Falls Sie es süß lieben, verwenden Sie Kokosnussblütenzucker. Probieren Sie die gesunden Milchalternativen, wenn Sie Ihren Kaffee nicht schwarz mögen (siehe Seite 101).

- Neben Wasser können Sie Matcha-Tee (bis 16 Uhr), frisch gepresste Obstsäfte und selbst gemachte Smoothies trinken. Köstliche Rezepte finden Sie auf den Seiten 104–107.

- Bereiten Sie sich ab heute jeden Tag ein bis zwei Karaffen Wasser zu, die Sie über den ganzen Tag verteilt trinken, auch gerne mehr.

- Sie dürfen sich jeden Tag eine kleine Zwischenmahlzeit gönnen, vormittags oder nachmittags, allerdings nur bis 16 Uhr. Leckere Ideen dazu finden Sie im Rezeptteil (siehe Seite 79ff.). Oder essen Sie einfach eine Handvoll Nüsse oder auch zwei: Nüsse stärken die Knochen. Walnüsse sind sehr bekömmlich, wenn sie vorher etwas angeröstet werden.

Mein Tipp

....

Am Wochenende dürfen Sie sich zum Abendessen gerne ein Glas Wein, Bier, Sekt, Champagner oder Prosecco gönnen. Aber denken Sie daran, Alkohol fügt der Nahrung unnötige Kalorien zu und Kohlensäure kann den Organismus leicht übersäuern. Daher sollte es bei einem Glas bleiben.

TAG 1
Sonntag

FRÜHSTÜCK

Mudah-Müsli

....

Ergibt 1 Portion

2 Erdbeeren, halbiert

8 Blaubeeren | 4 kleine Stücke Ananas

½ TL Kokosnussblütenzucker nach Belieben

2 EL Schafsjoghurt

1 EL geröstete Kürbiskerne

1   Die Hälfte des Obstes in eine Schale geben. Je nach Geschmack mit etwas Kokosnussblütenzucker bestreuen.

2   Joghurt hinzufügen.

3   Restliches Obst und die gerösteten Kürbiskerne darauf verteilen. Wer mag, kann gerne alles vermischen.

WAKATU PAGI –
Fisch-Eier-Rührei
auf getoastetem Chia-Brot

....

Ergibt 1 Portion

2 Eier | Himalaya-Salz und gemahlene Papayakerne oder schwarzer Pfeffer aus der Mühle zum Würzen

1 TL Kokosnussöl

1 Scheibe Katharinas Chia-Brot (siehe Seite 119)

1 EL Lachskaviar

½ Tomate, in Streifen geschnitten

1   In einer Tasse Eier, Salz und Papayakernpulver oder Pfeffer gut verquirlen.

2   Kokosnussöl in eine erhitzte Pfanne geben, Eimischung hineingießen, Temperatur reduzieren und mit einem Kochlöffel so lange verrühren, bis das Rührei fertig ist.

3   Brotscheibe toasten und Rührei darauf verteilen. Mit Lachskaviar dekorieren. Die Tomatenstreifen auf dem Teller anrichten und leicht salzen.

VARIANTE

Wer es etwas deftiger mag, kann das Rührei mit Frühlingszwiebeln, Schnittlauch oder Kresse garnieren.

MITTAGESSEN

PENKEK PETTY –
Papayaschnitzel

....

Ergibt 6–8 Portionen

400 g Papayafruchtfleisch | 1 Ei

1–1½ TL Himalaya-Salz

2 Prisen Cayennepfeffer (nicht für Kinder)

1 TL gemahlene Kurkuma

90 g Dinkelmehl | 2 EL Johannesbrotkernmehl

2 EL Avocadokernpulver (siehe Seite 79)

3–4 EL Kokosnussöl

1 Papaya, Ei und Gewürze in eine Schüssel geben und mit einem Stabmixer gut verquirlen.

2 Die Mehle und das Avocadokernpulver mit einem Schneebesen vorsichtig untermischen und anschließend kräftig verrühren.

3 Kokosnussöl in einer Pfanne bei geringer Hitze erwärmen. Esslöffelweise die Mischung dazugeben, kleine Schnitzel formen, etwas flach drücken und von beiden Seiten knusprig braten.

Dazu passt das Chutney Exotica, siehe Seite 114.

ABENDESSEN

ASIA BERAS –
Asiatischer Blumenkohlreis

....

Ergibt 4 Portionen

700 g Blumenkohl, in Röschen zerteilt
2 EL Kokosnussöl (ersatzweise Ghee)
1 rote Chilischote,
entkernt und in dünne Ringe geschnitten
1 Handvoll frische Korianderblätter, gehackt
etwas Stein- oder Himalaya-Salz nach Belieben

1 Blumenkohlröschen in einer Küchenmaschine auf Reiskorngröße zerkleinern.

2 Kokosnussöl in eine erhitzte Pfanne geben, Chilischote hinzufügen und kurz anschwitzen.

3 Blumenkohlreis und Koriander dazugeben, mit Salz würzen, umrühren und nochmals abschmecken.

4 Pfanne mit einem Deckel verschließen, Temperatur ausschalten und ruhen lassen. Der Blumenkohlreis sollte bissfest sein.

Dazu passen Rindfleisch, Lamm, Wild, Bison, Fisch oder Huhn. Wer heute lieber eine köstliche Suppe mag, dem empfehle ich LOBAK BETIK – Papaya-Apfel-Möhren-Suppe (siehe Seite 84).

VARIANTE

12 g Cashewkerne anrösten und unter den Blumenkohlreis mischen.

TAG 2
Montag

FRÜHSTÜCK

Tambigi-Müsli

....

Ergibt 1 Portion

100 ml Mandelmilch | 1 EL Kokosnussflocken
3 EL gepuffter Amaranth oder Quinoa
1 EL Papaya | 1 EL Mango | 1 EL Ananas,
in kleine Stücke geschnitten
1 EL geröstete Kürbiskerne | 1 EL aufgequollene
Chia-Samen | nach Belieben 2 EL Schafs- oder
Ziegenjoghurt sowie Banane

Alle Zutaten miteinander vermengen.

SARAPAN KAMBING –
Ziegen-Frühstücksquark

....

Ergibt 2–3 Portionen

150 g Ziegenquark | 50 ml Ziegenmilch
1 Bund frischer Schnittlauch, klein gehackt
1 Bund frischer Dill, klein gehackt
1 klein gewürfelte rote Zwiebel
1 Prise Himalaya-Salz | gemahlene Papayakerne oder
schwarzer Pfeffer aus der Mühle

Alle Zutaten gut miteinander vermischen oder mit
einem Pürierstab zu einer cremigen Masse mixen.

MITTAGESSEN

KUAT DIMAKAN –
Topinambur-Gratin

....

Ergibt 4 Portionen

750 g Topinambur
1 EL frisch gepresster Zitronensaft
2 TL Ziegenbutter | 3 EL Kokosnussöl
1 EL Maniokmehl/-stärke (ersatzweise Kartoffelstärke)
70 g geriebener Parmesan | ½ TL Steinsalz
schwarzer Pfeffer (oder Papayakerne) aus der Mühle
850 g mageres Rinderhack | 400 ml Rinderbrühe
1 Handvoll getrocknete Tomaten, klein geschnitten
2 violette Zwiebeln, in kleine Würfel geschnitten
3 Knoblauchzehen, fein gehackt
4 EL Semmelbrösel (ohne Weizen)
¼ TL Thymian | ½ TL Oregano

1   Topinambur schälen, in Stücke schneiden und in
Salzwasser und Zitronensaft etwa 20–25 Minuten
weich kochen. Anschließend abseihen und etwas
von der Flüssigkeit auffangen.

2   Ziegenbutter, 1 EL Öl und Topinambur pürieren
(eventuell etwas Kochflüssigkeit hinzugeben).
Maniokstärke und die Hälfte des Parmesans, Salz
und Pfeffer unterrühren.

3   Hackfleisch in 2 EL Kokosnussöl scharf anbraten, aus der Pfanne nehmen und beiseitestellen.
Rinderbrühe aufkochen, getrocknete Tomaten
dazugeben, Herd ausschalten und abgedeckt
10–12 Minuten ziehen lassen. Backofen (Oberhitze)
auf 230 Grad vorheizen.

4 Hack, Zwiebel und Knoblauch in die Brühe geben und so lange einköcheln lassen, bis die Flüssigkeit fast verdunstet ist. Salzen und pfeffern.

5 Eine feuerfeste Form mit Kokosnussöl einölen. Hackfleischmasse hineingeben. Püree darauf verteilen. Restlichen Parmesan und Semmelbrösel vermischen, auf das Püree geben und ein paar Butterflöckchen darüber verteilen.

6 Form in den Backofen schieben und das Gratin 5 Minuten goldbraun überbacken. Mit Thymian und Oregano bestreuen und 1–2 Minuten weiterbacken.

ABENDESSEN

GYOZA SHRIMP BAG –
Shrimp-Teigtaschen

....

Ergibt etwa 30 Stück
Für die Füllung
350 g frische Shrimps
2 TL Sake | 2 TL Mirin (süßer Reiswein)
2 EL Sojasoße | 1 Ei | 2 Stangen Frühlingszwiebeln,
in dünne Ringe geschnitten
1 kleines Stück Ingwer, geschält und fein gehackt
60 g Chinakohl, in feine Streifen geschnitten
30 Gyoza-Blätter (siehe Seite 111)
2 EL Kokosnussöl | 120 ml Wasser
1 EL Austernsoße

Für die Soße
4 EL Sojasoße | 4 EL Reisweinessig

1 Shrimps waschen und in einem Mixer zu einer Mousse pürieren. Mousse, Sake, Mirin, Sojasoße, Ei, Frühlingszwiebeln, Ingwer und Chinakohl vermengen.

2 Je Gyoza-Blatt 2 TL Füllung in die Mitte geben. Die Ränder mit Wasser anfeuchten, zu einem Halbmond falten und mit einer Gabel die Ränder festdrücken.

3 Öl in eine erhitzte Pfanne geben (mittlere Stufe) und die Gyozas 4–5 Minuten braten. Wasser und 1 EL Austernsoße verrühren. In die Pfanne geben und die Gyozas 5 Minuten abgedeckt dünsten. Für die Soße alle Zutaten verrühren.

Wichtiger Hinweis

....

Gekaufte Gyoza-Blätter enthalten in der Regel Weizenmehl.

TAG 3
Dienstag

FRÜHSTÜCK

Lalita-Müsli

....

Ergibt 1 Portion

½ Apfel

1 Pflaume

4 Himbeeren

8 Blaubeeren

1 TL Kokosnussblütenzucker oder Honig

3 EL Schafsjoghurt

2 EL gepuffter Amaranth oder Quinoa

1 EL aufgequollene Chia-Samen

1   Apfel und Pflaume in kleine Stücke schneiden.

2   Alle Zutaten miteinander vermengen und genießen.

Frühstücksbrot

....

1–2 Scheiben Brot toasten, mit etwas Kokosnussöl bestreichen und mit Tomaten- und Gurkenscheiben sowie zwei Salatblättern belegen. Würzen nach Geschmack.

Sie können das Brot auch mit dem Ziegen-Frühstücksquark vom Vortag bestreichen, falls davon etwas übrig geblieben ist.

MITTAGESSEN

TENGAH HARI –
Kokosnussmilch-Hühnchen

....

Ergibt 4 Portionen

Für die Marinade

3 Knoblauchzehen

2 rote Zwiebeln

1 rote Chilischote | 300 g Kokosnussmehl

1 TL Himalaya-Salz | 1 TL Paprikapulver

schwarzer Pfeffer aus der Mühle zum Würzen

Für das Hühnchen

8 Hühnchenkeulen (möglichst Freiland
und Bioaufzucht) | ½ Biozitrone
3–4 EL Kokosnussöl | 600 ml Kokosnussmilch

1 Für die Marinade Knoblauchzehe und Zwiebeln schälen und sehr klein hacken. Chilischote entkernen und in sehr dünne Ringe schneiden. Sämtliche Zutaten für die Marinade in einer Schüssel vermengen.

2 Für das Hühnchen die Keulen waschen und abtrocknen. Zitrone mit der Schale in 2 Scheiben schneiden. Den Backofen auf 180 Grad vorheizen. Ein Backblech mit Kokosnussöl bestreichen. Kokosnussmilch in eine flache Schale gießen.

3 Die Hühnerkeulen in Kokosnussmilch tunken, kurz einlegen und danach rasch abtropfen lassen. Anschließend in der Marinade wälzen, auf das eingeölte Backblech legen und 30–45 Minuten backen. Ab und zu umdrehen.

4 Währenddessen die Reste der Marinade zusammen mit der Kokosnussmilch in einer Kasserolle einköcheln lassen, bis eine cremige Soße entstanden ist.

5 Keulen auf einem Teller servieren, Kokosnussmilch-Chili-Soße darübergeben und mit einer Zitronenscheibe garnieren.

Dazu passen: ASIA BERAS – Asiatischer Blumenkohlreis (siehe Seite 35), Shirataki-Reis, Pomme-délie (siehe Seite 104), gedünsteter Brokkoli oder grüner Spargel.

ABENDESSEN

LOBAK PAPAYA –
Grüner Papaya-Möhren-Gurken-Salat

Ergibt 4 Portionen

Für das Dressing

3 Knoblauchzehen, klein gehackt
1 rote Chilischote, entkernt und sehr fein gehackt
1 EL Kokosnussblütenzucker | 2 EL Austernsoße
5 EL Kokosnussöl | geriebene Schale von 1 Biolimette

Für den Salat

800 g grüne Papaya | 400 g Möhren | 1 Salatgurke
4 Frühlingszwiebeln, in feine Ringe geschnitten
Blättchen von 1 Bund Koriander
180 g geröstete Erdnüsse (ungesalzen)
Himalaya-Salz zum Würzen

1 Für das Dressing alle Zutaten bis auf das Öl miteinander vermischen, bis die Zuckerkristalle aufgelöst sind. Dann das Kokosnussöl hinzurühren. Abgedeckt beiseite stellen und ziehen lassen.

2 Papaya, Möhren und Gurke schälen. Mit einem Spiralschneider in Spaghetti oder mit einem scharfen Messer in dünne Streifen schneiden.

3 Gemüse separat in kochendes Salzwasser geben und in 3–6 Minuten jeweils bissfest kochen. Danach abseihen und abkühlen lassen.

4 Anschließend in eine große Schüssel geben, Frühlingszwiebeln, Koriander und Erdnüsse unterheben, etwas salzen und mit Dressing übergießen.

TAG 4
Mittwoch

FRÜHSTÜCK

Gebackene Ananas

2 frische Ananasscheiben mit Zimt bestreuen, mit etwas Kokosnussöl beträufeln und in Kokosnussöl backen. Vor dem Servieren eine Prise Chilipulver darüberstreuen.

Frühstücksbrot

1–2 Brotscheiben toasten und dick mit Brotaufstrich bestreichen.

ALPUKAT TERAS –
Avocado-Tomaten-Brotaufstrich

Ergibt 2 Portionen
2 hart gekochte Eier
½ Avocado | 1 Tomate
1 TL kalt gepresstes Oliven-, Argan- oder Kokosnussöl
Himalaya-Salz und schwarzer Pfeffer
aus der Mühle zum Würzen

Alle Zutaten mit einem Pürierstab gut durchmixen, bis eine cremige Konsistenz entstanden ist.

MITTAGESSEN

ADAS SADERI –
Pikant-scharfer Fenchel-Sellerie-Salat

Ergibt 4 Portionen als Beilage
oder 2 Portionen als Hauptgericht
2 Fenchelknollen (etwa 300 g)
100 g Cashewkerne (ungesalzen)
2 kleine Orangen | 1 Stange Staudensellerie
1 rote Chilischote | 1 mittelgroße violette Zwiebel
3–4 EL kalt gepresstes Olivenöl
Himalaya-Salz und schwarzer Pfeffer
aus der Mühle zum Würzen

1   Das Fenchelgrün entfernen und beiseitelegen. Die Knollen mit einem Gemüsehobel raspeln. In eine Schüssel geben.

2   Cashews bei kleiner Hitze unter ständigem Rühren anrösten.

3   Orangen großzügig schälen, sodass die weißen Rückstände entfernt sind, und anschließend über dem Fenchel filetieren, damit der Saft in das Gemüse tropfen kann. Die Orangenscheiben zum Fenchel geben.

4   Selleriestange in kleine Monde schneiden und ebenfalls zum Fenchel hinzufügen.

5   Chilischote entkernen, klein schneiden und in den Salat geben.

6   Zwiebel schälen, klein hacken und unterheben.

7 Nun das Öl hinzugeben, alles mischen und mit Salz und Pfeffer abschmecken und 10 Minuten ziehen lassen.

8 Nach Bedarf nochmals abschmecken und mit dem Fenchelgrün dekorieren.

ABENDESSEN

SAYA MANUK –
Scharfe Gemüsepfanne

....

Ergibt 2 Portionen
2 Möhren
1 kleine Zucchini
½ Weißkohl (etwa 80 g)
je ½ rote, grüne und gelbe Paprikaschote, entkernt
1 kleine rote Chilischote
1 Lauchstange | 1 Stück Ingwer (3 cm)
2 Knoblauchzehen | 200 ml Wasser
1 EL Kokosnussblütenzucker
1 TL frisch gepresster Zitronensaft
2 EL Austernsoße
1 EL Sojasoße (vorzugsweise Tamari)
1 EL Kokosnussöl

1 Möhren, Zucchini, Weißkohl und Paprikaschoten in dünne Streifen schneiden.

2 Chili und Lauch in sehr dünne Ringe schneiden. Ingwer schälen und fein raspeln. Knoblauchzehe schälen und fein hacken.

3 Wasser, Zucker, Zitronensaft, Austern- und Sojasoße gut vermischen.

4 Kokosnussöl in einen erhitzten Wok geben. Knoblauch, Chilischote und Möhren darin anbraten.

5 Mit der Austern Soja-Zucker-Zitronensaft-Mischung ablöschen.

6 Die Temperatur reduzieren. Alle restlichen Zutaten dazugeben, gut vermengen und so lange köcheln lassen, bis das Gemüse bissfest ist.

VARIANTE

Das Gericht kann auch mit Hühnchen oder Rind zubereitet werden.

TAG 5
Donnerstag

FRÜHSTÜCK

NATTI NAT –
Physalis-Nuss-Müsli
mit Schafsjoghurt

....

Ergibt 1 Portion
2 EL Schafsjoghurt
5–6 Physalis (ohne Blätter)
1 EL Kürbiskerne
1 EL Walnüsse
2 EL aufgequollene Chia-Samen
1 EL Honig

Schafsjoghurt in eine Frühstücksschale geben,
Physalis darauflegen, Kürbiskerne und Walnüsse
darüberstreuen, Chia-Samen an den Rand platzieren und mit Honig beträufeln.

Frühstücksbrot

....

1 Scheibe Brot toasten und mit Mandelbutter bestreichen, gehackte Zwiebeln und Petersilie darauf verteilen und Schafskäse darüberbröseln. Nach
Geschmack salzen und pfeffern.

MITTAGESSEN

JEPUN ALPUKAT –
Japanischer Avocado-Lachs-Salat
mit Sesamdressing

....

Ergibt 1 Portion
3–4 Blätter Lollo Rosso | ½ Avocado
1 Tomate | ¼ Salatgurke | ¼ Möhre
50 g frischer roher Lachs
3–4 EL Katharinas Sesamdressing (siehe Seite 83)

1 Salatblätter waschen, in Stücke zupfen und abtropfen lassen. Avocado schälen, halbieren und den Kern entfernen. Tomate waschen, halbieren und in dünne Scheiben schneiden. Gurke und Möhre waschen und in sehr dünne Streifen schneiden.

2 Salatblätter in einem tiefen Teller oder in einer kleinen Salatschüssel anrichten.

3 Die Avocadohälfte in längliche Stücke schneiden und zusammen mit den Tomatenscheiben auf den Salatblättern anrichten.

4 Lachs – es darf auch mehr sein als angegeben – in Streifen schneiden und über die Salatblätter drapieren.

5 Sesamdressing – nach Belieben reichlich – darübergießen und bald servieren.

ABENDESSEN

URI MARAI –
Gerösteter Süßkartoffel-Paprika-Quinoa-Salat mit Avocadodressing

....

Ergibt 4 Portionen
Für den Salat
1 große Süßkartoffel
1 EL Kokosnussöl | 1 TL Chilipulver
Himalaya-Salz und schwarzer Pfeffer
aus der Mühle zum Würzen
1 rote Paprika, entkernt | 650 g gekochte Quinoa
Saft von 1 Limette | einige Salatblätter zum Anrichten

Für das Dressing
1 Avocado | 120 g Cashewkerne | 1 Bund Koriander
140–180 ml Wasser | Saft von 2 Limetten
1 TL Chilipulver | ¼ TL Cayennepfeffer nach Belieben
¼ TL Himalaya-Salz | schwarzer Pfeffer aus der Mühle

1 Backofen auf 200 Grad vorheizen. Für den Salat Süßkartoffel schälen und in mundgerechte Stücke schneiden. In einer Schüssel mit Kokosnussöl schwenken, bis die Stücke von allen Seiten »eingeölt« sind. Chilipulver, Salz und Pfeffer darüberstreuen und alles gut durchmischen.

2 Die Kartoffelstücke auf einem Backblech 20–25 Minuten im Ofen garen. Bitte nicht zu dunkel werden lassen.

3 Inzwischen Paprika klein würfeln und in die Quinoa mischen. Abgedeckt beiseitestellen.

4 Alle Zutaten für das Dressing in einen Mixer geben und pürieren. Dabei mit wenig Wasser beginnen. Esslöffelweise weiteres Wasser hinzugeben, bis das Dressing eine cremige Konsistenz hat.

5 Die fertig gebackenen Süßkartoffeln 5 Minuten abkühlen lassen. Danach zu der Paprika-Quinoa-Mischung geben, ein wenig Limettensaft hinzufügen und alles leicht durchmischen.

6 Auf einem Teller Salatblätter anrichten, das Süßkartoffel-Paprika-Quinoa-Gemisch darauf verteilen und großzügig mit Dressing übergießen.

TIPP

Gegen eine Süßkartoffel am Abend ist nichts einzuwenden, wenn sie nur hin und wieder gegessen wird.

TAG 6
Freitag

FRÜHSTÜCK

MASAM BOLA –
Grapefruit-Orange-Apfel-Müsli

....

Fleisch von ½ Grapefruit (Pomelo), ½ Orange,
½ Apfel in kleine Würfel schneiden und in eine
Schale geben. 3 EL aufgequollene Chia-Samen,
2 EL Schafsjoghurt, eine Handvoll zerkleinerte
Nüsse und/oder Kürbiskerne hinzufügen, nach
Geschmack mit etwas Kokosnussblütenzucker oder
Honig süßen und gut vermischen.

Frühstücksbrot

....

1–2 Scheiben Brot toasten, mit Kokosnussöl bestreichen und dick Ziegen-Frühstücksquark (siehe
Seite 36) darauf verteilen. Nach Belieben würzen.

MITTAGESSEN

BERAPI MENYAM –
Feuriger Tomaten-Knoblauch-Dip
mit Pellkartoffeln

....

Ergibt 2–3 Portionen

400–500 g Pellkartoffeln | 3 Knoblauchzehen
5 frische Tomaten (oder 10 sonnengetrocknete
Tomatenstücke, aber nicht in Öl eingelegt)
2 Eigelb | 1 TL Stein- oder Himalaya-Salz
2 EL Kokosnussöl
1 EL frisch gepresster Zitronensaft
1 EL stilles Wasser
schwarzer Pfeffer aus der Mühle

1   Die Kartoffeln mit der Schale in Salzwasser gar
kochen.

2   Für den Dip Knoblauch schälen und klein
hacken.

3   Tomaten waschen, kreuzweise einschneiden,
mit heißem Wasser übergießen, Haut abziehen und
verbleibende Grünstellen entfernen. In kleine Würfel
schneiden.

4   Eigelbe und Salz in einen Mixer geben, kräftig
mixen, dann auf kleine Stufe zurückschalten und
langsam das Kokosnussöl einfließen lassen. So
lange mixen, bis die Masse eine puddingähnliche
Konsistenz hat.

5   Zitronensaft, Knoblauch, Wasser und Tomaten-
würfel dazugeben und nochmals gut durchmixen.

6 Dip in eine Porzellanschale füllen und je nach Geschmack salzen und pfeffern. Mit den Pellkartoffeln servieren.

ABENDESSEN

BUKIT ROBSON –
Kabeljau in Soja-Sake-Soße

••••••••••••••••••••••••••••••••••••••

Ergibt 2 Portionen

1–2 EL Kokosnussöl | 1 Stück Ingwer (etwa 30 g),
geschält und in Stifte geschnitten
4 Knoblauchzehen, gehackt | ½ rote Chilischote,
entkernt und in dünne Ringe geschnitten
250 ml Gemüsebrühe | 2 EL Sojasoße (Tamarin)

1 EL Sake | 1 EL Kokosnussblütenzucker
Himalaya-Salz und schwarzer Pfeffer
aus der Mühle zum Würzen
350–400 g Kabeljau, gewaschen und abgetupft
3 Frühlingszwiebeln, in feine Ringe geschnitten
1 Bund Koriander

1 Kokosnussöl in einem Wok oder Topf erhitzen. Ingwer, Knoblauch und Chilischote darin anschwitzen.

2 Mit Gemüsebrühe ablöschen und zum Kochen bringen.

3 Sojasoße, Sake und Kokosnussblütenzucker hinzugeben. Alles kurz aufkochen, die Hitze reduzieren und 5 Minuten köcheln lassen. Den Sud mit Salz und Pfeffer abschmecken.

4 Kabeljau in den Sud geben, kurz aufkochen lassen, Temperatur herunterdrehen und bei geschlossenem Deckel 8–10 Minuten ziehen lassen.

5 Vor dem Servieren Frühlingszwiebeln darüberstreuen und mit Korianderblättchen garnieren.

Dazu passt BAWANG PURI – Zimt-Möhren-Lauch-Puree (siehe Seite 87).

TIPP

Falls der Stabmixer zum Einsatz kommt, unbedingt einen hohen schmalen Behälter verwenden.

TAG 7
Samstag

FRÜHSTÜCK

Gorlion-Müsli

....

Ergibt 1 Portion

4 Haselnüsse | 4 halbe Walnüsse

4 Erdnüsse | 3 Cashewkerne

8 Kürbiskerne | 2 EL gepuffter Amaranth oder Quinoa

1 EL aufgequollene Chia-Samen

1 TL Kokosnussblütenzucker oder Honig

1   Haselnüsse, Walnüsse, Erdnüsse und Cashew-kerne zerkleinern.

2   Alle Zutaten in eine Frühstücksschüssel geben und gut vermengen. Nach Bedarf Mandelmilch (oder Hafer-, Quinoa-, Haselnussmilch) dazugießen.

VARIANTE

Nussallergiker verwenden getrocknete Beeren ihrer Wahl.

Frühstücksbrot

....

1–2 Scheiben getoastetes Brot mit Rührei.

Vergessen Sie bitte nicht, dass Sie das Brot nicht essen müssen!

MITTAGESSEN

TORI TAM –
Apfel-Pfirsich-Salsa-Salat

....

Ergibt 2 Portionen

¼ Zwiebel, fein gehackt

1 Apfel, geschält, entkernt und in feine Würfel geschnitten

1 Pfirsich, enthäutet, entkernt und in feine Würfel geschnitten

1 Serrano-Paprika, entkernt und sehr fein gehackt

1 EL gehackte Korianderblätter

½ TL Steinsalz

1 TL Kokosnussblütenzucker

Saft von 1 Limette

1 Alle Zutaten in einer Schüssel miteinander vermengen.

2 Nach Belieben nochmals mit Salz, Zucker und Limettensaft abschmecken und für 30 Minuten in den Kühlschrank stellen.

Dazu passen Rindfleisch, Lamm, Bison, Fisch und Hühnchen.

Bitte denken Sie daran, Vorschläge für die Beilagen sind kein Muss!

ABENDESSEN

KEMBANG KOL –
Blumenkohl-Koteletts

....

Ergibt 6–8 Portionen
1 mittelgroßer Blumenkohl
3 TL Himalaya-Salz
1 Ei | schwarzer Pfeffer aus der Mühle
4–5 EL glutenfreie Semmelbrösel,
z.B. aus Resten von Katharinas Chia-Brot
3–4 EL Kokosnussöl

1 Blumenkohl waschen, putzen und anschließend den ganzen Kopf für etwa 3 Minuten in kochendem Salzwasser blanchieren. Das Wasser sollte gut salzig schmecken (2–3 TL Salz).

2 Blumenkohl aus dem Salzwasser nehmen und beiseitestellen.

3 Ei in einem Suppenteller schaumig schlagen, mit Salz und Pfeffer würzen.

4 Semmelbrösel in einen zweiten Suppenteller füllen.

5 Blumenkohl in etwa 2 cm dicke Scheiben zerteilen (etwa wie ein Kotelett) und jede Scheibe zuerst von beiden Seiten in die Eimasse tunken und anschließend in Semmelbröseln wälzen.

6 Kokosnussöl in eine Pfanne geben und die panierten Blumenkohlscheiben bei geringer Hitze von jeder Seite etwa 4–5 Minuten goldbraun braten. Dazu passen Reste vom Mittagessen oder DAGING SALAH – Amaranth-Petersilien-Taler (siehe Seite 86).

Mein Tipp

....

Heute können Sie sich gerne ein Glas Wein, Bier, Sekt, Champagner oder Prosecco gönnen. Aber nicht übertreiben! Denken Sie daran, Alkohol fügt der Nahrung unnötige Kalorien zu, und Kohlensäure kann den Organismus leicht übersäuern.

TAG 8
Sonntag

FRÜHSTÜCK

BUAH MARKISA –
Chia-Papaya-Passionsfrucht
mit Schafsjoghurt

....

Ergibt 1 Portion

3 EL Schafsjoghurt

3 EL aufgequollene Chia-Samen

5–8 Stücke Papayafruchtfleisch

1 große Passionsfrucht | 1 EL Manuka-Honig

Schafsjoghurt in eine Dessertschale geben, Chia-Samen und Papayastücke darauf verteilen, Passionsfrucht mit einem Löffel auskratzen und in die Mitte geben. Alles mit Manuka-Honig beträufeln.

SELAMAT PAGI –
Avocado-Rührei

....

Ergibt 4 Portionen

1 TL Kokosnussöl | 1 Knoblauchzehe, fein gehackt

1 Schalotte, in feine Würfel geschnitten

2 reife Avocados | 2 Eier

5 Halme Schnittlauch, fein gehackt

1 kleine rote Chilischote, entkernt und fein gehackt

¼ TL Steinsalz | schwarzer Pfeffer aus der Mühle

1 EL aufgequollene Chia-Samen

1 Backofen auf 180 Grad vorheizen. Kokosnussöl in eine erhitzte Pfanne geben, Knoblauch und Schalotte leicht anbraten und beiseitestellen.

2 Avocados halbieren und den Kern entfernen. Mit einem Teelöffel aus jeder Avocadohälfte ein wenig Fruchtfleisch herauslösen, sodass eine etwas größere Mulde entsteht.

3 Eier, Schnittlauch, Chili, Salz, Pfeffer und Avocadofruchtfleisch in einen hohen, schmalen Behälter geben und pürieren. Knoblauch, Schalotten und Chia-Samen unterheben.

4 Avocadohälften auf ein Backblech legen. Eimasse in die Mulden füllen. Das Backblech für 15–18 Minuten in den vorgeheizten Backofen geben. Die Eimasse ist nach Ende der Garzeit nur an der Oberfläche durchgebacken, im Innern ist sie heiß und hat die Konsistenz von Soße.

Sie können auch 30 g Büffelmozzarella in sehr kleine Stücke zerteilen und 5 Minuten vor Ende der Backzeit über die Eimasse geben, dann zurück in den Backofen schieben.

MITTAGESSEN

UBI BIT –
Rote-Bete-Stäbchen-Salat

....

Ergibt 1 große Portion oder 2 Beilagen

300 g Rote Bete | 3 EL Kokosnussblütenzucker

6 EL frisch gepresster Zitronensaft

½ TL Stein- oder Himalaya-Salz

80 ml stilles Wasser | 1 EL kalt gepresstes Oliven- oder Arganöl | 5–7 Walnüsse | 15 g Ziegenkäse

1 Rote Bete gründlich waschen, schälen und in dünne Stäbchen schneiden.

2 Kokosnussblütenzucker, Zitronensaft, Salz und Wasser in einem verschließbaren Glas gut vermischen, bis sich die Kristalle vollständig aufgelöst haben. Öl hinzugeben und erneut mischen.

3 Rote-Bete-Stäbchen etwa 10 Minuten bissfest dünsten. Die Stäbchen über Nacht zugedeckt in das Zucker-Wasser-Öl-Gemisch einlegen.

4 Walnüsse klein hacken, Ziegenkäse sehr klein würfeln. Stäbchensalat damit bestreuen.

Dazu passt UBI SUDAT (siehe Seite 52)

ABENDESSEN

LEMBU SAYUR –
Japanische Gemüse-Beef-Röllchen

···

Ergibt 2 Portionen
1 EL Kokosnussblütenzucker | 1 EL Sake
2 EL Sojasoße | 2 EL stilles Wasser | 1 große Möhre
12 grüne Bohnen | 200 g mageres Rindfleisch
(6 dünne Scheiben, 15–18 cm lang und 8–10 cm breit)
1 EL Kokosnussöl

1 Kokosnussblütenzucker, Sake, Sojasoße und Wasser mischen, bis sich die Kristalle vollständig aufgelöst haben.

2 Möhre waschen, schälen und in eckige Streifen (8 cm lang und etwa 7 mm dick) schneiden. Bohnen waschen, putzen und halbieren.

3 Möhrenstreifen 2 Minuten in Salzwasser kochen, danach die Bohnen hinzugeben und nochmals 2 Minuten kochen. Abgießen und abkühlen lassen.

4 Rindfleischscheiben auf eine Arbeitsfläche legen. An das kurze Ende jeweils 2–3 Möhrenstreifen und Bohnen legen und zusammenrollen (wie Rouladen).

5 Kokosnussöl in eine erhitzte Pfanne (mittlere Temperatur) geben, die Röllchen mit der Schnittstelle nach unten in die Pfanne legen und etwa 7–8 Minuten von allen Seiten anbraten.

6 Hitze reduzieren, Soja-Sake-Zucker-Mischung in die Pfanne füllen und köcheln lassen, bis das Fleisch gar ist. Beef-Röllchen herausnehmen und in der Mitte durchschneiden. Mit Shirataki-Nudeln oder Konjak-Reis servieren.

TAG 9
Montag

FRÜHSTÜCK

DELIMA MAKAN –
Granatapfel-Müsli

....

Ergibt 2 Portionen
3 EL Schafsjoghurt
50 g gemahlene Chia-Samen
20 g Erdnussbutter
50 g geröstete Pinienkerne, klein gehackt
60 g Granatapfelkerne
20 g gepuffter Amaranth
1 EL Kokosnussblütenzucker
1 EL Kokosnussöl
1 TL Avocadokernpulver

1 Schafsjoghurt in eine Dessertschale geben. Die übrigen Zutaten nacheinander darüberstreuen. Das Auge isst schließlich mit.

2 Vor dem Verzehr kurz durchmischen.

Frühstücksbrot
....

1 Scheibe Brot (ohne Weizen) toasten, mit Kokosnussöl bestreichen und frische Tomatenscheiben darauflegen. Mit Salz und Pfeffer würzen.

MITTAGESSEN

LUCU DUPI –
Thai-Curry-Kokosmilch-Pute

....

Ergibt 4 Portionen
1 TL Thai-Curry-Paste (siehe Seite 115)
400 ml Kokosnussmilch | 1 EL Kokosnussöl
3 Knoblauchzehen, fein gehackt
1 Stück Ingwer, gründlich geputzt
500 g Putenbrust, in mundgerechte Stücke geschnitten
1 rote Paprikaschote, entkernt und in dünne Streifen
geschnitten | 1 Zucchini, in feine Streifen geschnitten
1 TL gemahlene Kurkuma | 1 TL gelbes Currypulver
1 Prise Himalaya-Salz | Saft von 1 Biolimette
schwarzer Pfeffer aus der Mühle
500 g Shirataki-Nudeln, abgeseiht und abgetropft

1 Thai-Curry-Paste in Kokosnussmilch auflösen. Kokosnussöl in einen erhitzten Wok geben, Knoblauch vorsichtig darin anbraten und mit der Kokosmilchmischung ablöschen. Ingwer hineinreiben.

2 Putenfleisch, Paprikaschote, Zucchini, Kurkuma und Curry dazugeben und abgedeckt 5–10 Minuten köcheln lassen, bis das Fleisch gar ist. Mit Salz, Limettensaft und Pfeffer abschmecken und erneut etwa 3–5 Minuten simmern lassen.

3 Shirataki-Nudeln nach Bedarf zerschneiden und in der Pfanne 1–2 Minuten bei niedriger Temperatur mitköcheln lassen. Mit Salz, Pfeffer und Thai-Curry-Paste abschmecken.

ABENDESSEN

PINA QUINOA –
Heißer Quinoa-Salat in Ananas

Ergibt 2 Portionen

200 ml Wasser | ½ TL Steinsalz
150 g Quinoa | 1 reife Ananas (groß)
200 g frische Scampi (oder Crevetten)
½ Bund Koriander,
plus ein paar Blättchen zum Garnieren
50 g Cashewkerne | 1 EL Kokosnussöl
(½ EL für die Scampi) | 1 Schalotte, fein gehackt
5 Knoblauchzehen (1 für die Scampi), klein gehackt
1 rote Chilischote, entkernt und fein geschnitten
1 EL Honig | 1 TL Ingwerpulver
2 Frühlingszwiebeln, klein geschnitten
schwarzer Pfeffer aus der Mühle oder
Papayakernpulver

1 Wasser und Steinsalz in einem Topf aufkochen. Temperatur auf mittlere Stufe stellen, Quinoa dazugeben und zugedeckt 15–17 Minuten bissfest garen. Danach abseihen und beiseitestellen.

2 Ananas aushöhlen und das Fruchtfleisch in kleine Würfel schneiden (für PINA QUINOA werden 120 g benötigt). Scampi und Koriander waschen und abtropfen lassen. Cashewkerne klein hacken und in einer Pfanne bei schwacher bis mittlerer Hitze anrösten.

3 Kokosnussöl (½ EL) in eine erhitzte kleine Pfanne geben. Schalotte und 1 Knoblauchzehe darin anbraten. Scampi dazugeben, von beiden Seiten kurz anbraten und beiseitestellen.

4 Kokosnussöl (1 EL) in eine große erhitzte Pfanne geben und den restlichen Knoblauch darin leicht anbraten. Chilischote dazugeben und leicht anschwitzen. Cashewnüsse hinzufügen und mitgaren.

5 Gekochte Quinoa, Scampi und Ananasstücke dazugeben, leicht unterrühren und kurz dünsten. Koriander, Honig, Ingwerpulver und Frühlingszwiebel dazugeben, gut vermengen und mit Pfeffer abschmecken. Temperatur ausschalten, Deckel auf die Pfanne geben und 8–10 Minuten ziehen lassen. Danach erneut abschmecken. Eventuell nochmals kurz erhitzen.

6 Quinoa-Scampi-Mischung in die ausgehöhlte Ananashälfte füllen, mit Korianderblättchen garnieren und heiß servieren.

TAG 10
Dienstag

FRÜHSTÜCK

BUAH BUAHANA –
Frischer Obstsalat

....

Ergibt 1 Portion

½ Apfel

½ Banane

2 Pflaumen

1 Kiwi

6 Himbeeren

1 EL trockene Chia-Samen

1 EL gepuffter Amaranth

etwas Zimt

etwas Honig oder Kokosnussblütenzucker
nach Belieben

Alle Früchte (außer den Himbeeren) in kleine Würfel zerteilen. In einer Frühstücksschale vermischen, Chia-Samen und Zimt darüberstreuen, Amaranth darauf verteilen und nach Geschmack mit Honig oder Kokosnussblütenzucker süßen.

Frühstücksbrot

....

1–2 Scheiben getoastetes Brot dick mit Hummus (siehe Seite 113) bestreichen und 1 in Scheiben geschnittenes hart gekochtes Ei daraufgeben. Nach Geschmack würzen.

MITTAGESSEN

UBI SUDAT –
Gebackene Topinamburecken
mit Birnen-Kräuter-Dip

....

Ergibt 3 Portionen

Für die Topinamburecken

800 g Topinambur | 3–4 EL Kokosnussöl

¼ TL Himalaya-Salz | 1 TL gemahlene Kurkuma

½ TL Chilipulver | ½ TL Zimt

Für den Birnen-Kräuter-Dip

2 mittelgroße Birnen, geschält und entkernt

300 g Schafsquark | 2 EL klein gehackte Petersilie

2 EL klein gehackter Koriander

1–2 TL frisch gepresster Zitronensaft

1 Prise Chilipulver | 2 EL aufgequollene Chia-Samen

¼ TL Himalaya-Salz | schwarzer Pfeffer aus der Mühle

1   Backofen auf 250 Grad vorheizen.

2   Topinambur gründlich waschen und knapp 10 Minuten kochen. Anschließend abseihen, die Schale abpellen und in mundgerechte Stücke schneiden.

3   Kokosnussöl, Himalaya-Salz und die übrigen Gewürze miteinander vermischen und über die noch heißen Topinamburstücke geben. In einer Schüssel vermengen.

4   Alles zusammen auf ein Backblech geben und für etwa 30 Minuten in den heißen Backofen schieben.

ABENDESSEN

SADERI KRIM –
Sellerie-Apfel-Walnuss-Cremesuppe

Ergibt 6 Portionen
50 g Walnüsse | 500 g Sellerieknollen
250 Äpfel (süßlich) | 1 große Zwiebel
3–4 EL Kokosnussöl | 1½ l Gemüsebrühe
Himalaya-Salz, Chilipulver und schwarzer Pfeffer
aus der Mühle zum Würzen
frische Basilikumblätter und 1 Klecks Schafsjoghurt
zum Garnieren

1 Walnüsse grob hacken und anrösten.

2 Sellerie und Äpfel schälen, in Stücke schneiden und die Kerngehäuse der Äpfel entfernen. Zwiebel schälen und klein hacken.

3 Kokosnussöl in einen erhitzten großen Topf geben. Zwiebel, Äpfel und Sellerie darin anschwitzen.

4 Mit der Gemüsebrühe ablöschen. Temperatur reduzieren, den Deckel auf den Topf geben und 20–25 Minuten köcheln lassen.

5 Anschließend die Suppe mit einem Zauberstab fein pürieren. Die gehackten Walnüsse unterrühren.

6 In Suppenteller füllen und mit Basilikumblättern garnieren. Zum Schluss einen kleinen Klecks Schafsjoghurt auf jeden Teller geben und einen Teelöffel leicht durch den Joghurt ziehen.

5 Für den Dip Birnen in den Quark reiben. Petersilie, Koriander, Zitronensaft, Chilipulver, Chia-Samen hinzufügen, gut vermischen und mit Salz und Pfeffer abschmecken. Zu den gebackenen Topinamburecken servieren.

TIPP

Etwas edelsüßes Paprikapulver darüberstreuen.

SADERI KRIM können Sie auch in der Entgiftungswoche an Tag 3 essen. Aber bitte lassen Sie die Walnüsse weg! Wenn Sie die Suppe für den nächsten Tag aufwärmen wollen, bitte nicht in die Mikrowelle stellen, sondern im heißen Wasserbad erhitzen!

TAG 11
Mittwoch

FRÜHSTÜCK

Süßer Hummus mit Blaubeeren, Walnüssen und Erdbeeren

Ergibt 1 Portion

4 EL PICAH BANG (siehe Seite 79)
½ TL frisch gepresster Zitronensaft
1 EL aufgequollene Chia-Samen
4 Erdbeeren, geviertelt
2 EL Blaubeeren
1 EL Walnüsse, gehackt

Hummus in eine Dessertschale geben und mit Zitronensaft und Chia-Samen gut verrühren. Erdbeeren, Blaubeeren und Walnüsse darauf garnieren.

Frühstücksbrot

1 Scheibe Brot (ohne Weizen) toasten, mit etwas Ziegenbutter bestreichen, mit Avocadoscheiben belegen und gut salzen und pfeffern.

MITTAGESSEN

YAKISOBA –
Shirataki-Gemüse-Beef-Pfanne

Ergibt 2 Portionen
Für die Marinade
3 EL Tonkatsu-Soße
(ersatzweise 2 EL Oystersoße)
3 EL Worcestersoße | 1 EL Sojasoße
1 EL Mirin (süßer Reiswein) oder
2 EL Kokosnussblütenzucker

Für die Gemüse-Beef-Pfanne
300 g mageres Rindfleisch
1 Zwiebel | 80 g Weißkohl (oder Chinakohl)
½ grüne Paprikaschote, entkernt
1 Möhre | 100 g Brokkoli
2 Päckchen Shirataki-Nudeln
1 EL Kokosnussöl | Steinsalz und schwarzer Pfeffer
aus der Mühle zum Würzen
1 Blatt Aonori (getrockneter grüner Seetang/Algen)
1 EL Benishoga (eingelegte rote Ingwerwurzel)
nach Belieben

1   Für die Marinade alle Zutaten gut miteinander verrühren. Rindfleisch in kleine, mundgerechte Stücke schneiden und 2 Stunden in der Marinade abgedeckt ziehen lassen.

2   In der Zwischenzeit Zwiebel in Streifen schneiden. Weißkohl und Paprika in Quadrate (3 x 3 cm) teilen. Möhre in Scheibchen schneiden. Brokkoli waschen, in kleine Röschen teilen und abtropfen lassen.

3 Shirataki-Nudeln mit kaltem Wasser gründlich abspülen und abtropfen lassen. Rindfleischwürfel aus der Marinade nehmen und in einem Sieb abtropfen lassen.

4 Kokosnussöl in eine erhitzte Pfanne geben und das Fleisch von allen Seiten gut anbraten. Anschließend die Temperatur ausschalten, Deckel auf die Pfanne geben und 10 Minuten ziehen lassen.

5 Die Pfanne wieder erhitzen, Zwiebeln, Möhren und Paprika darin etwa 2 Minuten köcheln lassen. Brokkoli und Weißkohl unterheben. Alles köcheln lassen, bis das Gemüse bissfest ist.

6 Sobald Wasser aus dem Gemüse sickert, Marinade und anschließend die Shirataki-Nudeln hinzufügen. Gut vermengen, nach Bedarf mit Steinsalz und Pfeffer abschmecken.

7 Das YAKISOBA auf einen Teller geben, das Aonori-Blatt mit den Händen darüber zerreiben und Benishoga darauf dekorieren.

ABENDESSEN

BUAH PALA –
Brokkoli-Mandel-Püree

....

Ergibt 2 Portionen
500 g Brokkoli | 150 g gehackte Mandeln
50 ml Hafersahne
Himalaya-Salz, Muskatnuss und schwarzer Pfeffer
aus der Mühle zum Würzen

1 Brokkoli waschen, putzen und in kleine Röschen zerteilen. Salzen und in einem Sieb über dampfendem Wasser mit geschlossenem Deckel garen.

2 Mandeln bei kleiner Hitze unter ständigem Rühren in einer Pfanne ohne Fett rösten.

3 Gegarte Brokkoliröschen in eine Schüssel geben und mit einer Gabel zerdrücken.

4 Hafersahne und geröstete Mandeln dazugeben und alles gut durchmischen.

5 Mit Salz, Muskatnuss und Pfeffer abschmecken und knapp 5 Minuten durchziehen lassen.

Hierzu passt Lachs. Das Lachsfilet bei geringer Hitze mit Kokosnussöl kross anbraten und servieren.

TAG 12
Donnerstag

FRÜHSTÜCK

Obstsalat mit reichlich Nüssen Ihrer Wahl und etwas Schafsjoghurt. Zum Süßen Kokosnussblütenzucker oder Honig verwenden.

ROTI PERANCIS –
Bananen-Toast

....

Ergibt 4 Portionen

2 Bananen (1 davon für auf das Toast)

250 ml ungesüßte Mandelmilch

1 Ei | 3 EL Kokosnussblütenzucker

1 TL Vanilleextrakt | 1 TL Zimt

1 Messerspitze Himalaya-Salz

4 Scheiben Dinkeltoast

(oder anderes Brot ohne Weizen)

2–3 TL Kokosnussöl

1   Banane schälen, in kleine Stücke schneiden und zusammen mit Mandelmilch, Ei, Kokosnussblütenzucker, Vanilleextrakt, Zimt und Salz in einen Mixer geben und gut mixen.

2   Die Masse in einen tiefen Teller geben. Toast von beiden Seiten etwa 2–3 Minuten darin einweichen. Am besten geht es, wenn Sie das Brot mit einer Gabel eindrücken.

3   Kokosnussöl (1 TL) in eine erhitzte Pfanne geben (mittlere Hitze).

4   Eingeweichten Toast über dem tiefen Teller kurz abtropfen lassen und in der Pfanne von beiden Seiten etwa 5–6 Minuten in Kokosnussöl goldbraun braten, bis sich eine Kruste gebildet hat. Mit den restlichen Toastscheiben ebenso verfahren. Bei Bedarf weiteres Kokosnussöl in die Pfanne geben.

5   Die zweite Banane in sehr dünne Scheiben schneiden. Vor dem Servieren jeden Toast mit Bananenscheiben belegen und nach Geschmack mit ein wenig Kokosnussblütenzucker bestreuen.

MITTAGESSEN

IKAN SAYUR –
Kokosnuss-Lachsfilet mit gedünstetem Brokkoli

....

Ergibt 2 Portionen

2 Lachsfilets (etwa 360 g)

Himalaya-Salz zum Würzen

350 g Brokkoli | 2 Frühlingszwiebeln

4 Knoblauchzehen | ½ rote Chilischote, entkernt

1½ EL Kokosnussöl | 120 ml Kokosnussmilch

¼ TL gemahlene Kurkuma

¼ TL Zimt

1½–2 TL Kokosnussblütenzucker

schwarzer Pfeffer aus der Mühle

1   Lachfilets gut salzen. Brokkoli waschen, putzen und in kleine Röschen zerteilen. Frühlingszwiebeln in Ringe schneiden. Knoblauchzehen fein hacken. Chilischote in sehr dünne Ringe schneiden.

2 Brokkoliröschen in ein Metallsieb geben, gut salzen und über kochendem Wasser zugedeckt etwa 5–6 Minuten dämpfen.

3 In der Zwischenzeit Kokosnussöl in eine erhitzte Pfanne geben und den Knoblauch darin anbraten. Lachsfilet dazugeben (zuerst mit der Haut ins Öl legen) und 3–4 Minuten bei mittlerer Hitze braten. Anschließend wenden und erneut 3–4 Minuten braten.

4 Mit Kokosnussmilch ablöschen, Chili, Kurkuma, Zimt und Kokosnussblütenzucker hinzugeben und verrühren.

5 Lachsfilet etwa 1 Minute köcheln lassen, herausnehmen und auf einen Servierteller legen.

6 Kokosnussmilch kurz köcheln lassen, mit Salz und Pfeffer abschmecken, über die Lachsfilets geben und mit Frühlingszwiebeln garnieren.

7 Brokkoliröschen zu den Lachsfilets hinzugeben und gleich servieren.

ABENDESSEN

MUSIM PANAS –
Gemüsepfanne mit Aubergine und Shirataki-Nudeln

····························

Ergibt 4 Portionen

1–2 EL Thai-Curry-Paste | 2 Zwiebeln, klein gehackt
1 Aubergine, gewürfelt | 200 ml Hafer-Cuisine
(oder eine andere pflanzliche Alternative)
75 g rote Linsen | 500 ml natriumarme Gemüsebrühe
2 rote oder gelbe Paprikaschoten, entkernt und
in Streifen geschnitten | 140 g Erbsen
100 g junger Spinat, grob gehackt

1 Currypaste (siehe Seite 115) in einem Topf (Teflon) erhitzen. Zwiebeln dazugeben und glasig anschwitzen. Aubergine hinzufügen und 5 Minuten dünsten. Ab und zu umrühren.

2 Hafer-Cuisine, Linsen und Gemüsebrühe hinzugeben. Etwa 12 Minuten köcheln lassen, bis die Linsen weich sind.

3 Paprikastreifen hinzufügen und weitere 5–8 Minuten kochen lassen.

4 Erbsen und Spinat dazugeben, Herdplatte ausschalten und alles 3 Minuten ziehen lassen. Als Beilage eignen sich brauner Reis, Quinoa, Amaranth und Chutney exotica (siehe Seite 114). Sie können auch Shirataki-Nudeln dazu servieren. Einfach die Nudeln 1–2 Minuten vor Ende der Garzeit hinzugeben.

TAG 13
Freitag

FRÜHSTÜCK

TAMAN TUKI –
Bananen-Quinoa-Pudding

....

Ergibt 2 Portionen
230 g gekochte Quinoa
(entspricht etwa 80 g ungegarter Quinoa)
450 ml Kokosnussmilch
2 TL Vanilleextrakt
(ersatzweise Mark von 1 Vanilleschote)
2 EL Kokosnussblütenzucker
2 reife Bananen
1 TL Zimt

1   Quinoa mindestens 1 Minute gründlich waschen.

2   Zusammen mit Kokosnussmilch, Vanilleextrakt und Kokosnussblütenzucker 15–20 Minuten köcheln lassen.

3   Bananen schälen und mit einer Gabel zerdrücken. In die Quinoa-Mischung geben, weitere 3–4 Minuten köcheln lassen und mit Zimt abschmecken.

VARIANTE

Nach Belieben können weitere Obstsorten hinzugefügt werden.

MITTAGESSEN

KERDIL WUKAMY –
Amaranth-Miniburger

....

Ergibt etwa 6 Burger
2–3 frische Tomaten
3–4 Cornichons (oder saure Gurken)
30 g gepuffter Amaranth
20 g Kokosnussmehl
5 EL Dinkelmehl | 1 TL Trockenhefe
1 TL Kokosnussblütenzucker
¼ TL Salz | 100 ml lauwarmes Wasser
2 Eier (oder Ei-Ersatz aus Chia-Samen)
3 EL Kokosnussöl | 1 kleine Dose Tomatenmark
1 TL Dijon-Senf | 8–10 Salatblätter

1   Tomaten waschen und in Scheiben schneiden. Saure Gurken in dünne Scheiben schneiden. Backofen auf 200 Grad vorheizen.

2   Alle trockenen Zutaten in einer großen Schüssel vermischen. Lauwarmes Wasser und Eier hinzufügen und sorgfältig verrühren. Kokosnussöl hinzumengen. Die Schüssel abgedeckt für mindestens 1 Stunde an einen warmen Ort stellen.

3   Den aufgegangenen Teig nochmals kurz durchkneten (mit eingeölten Händen geht es besser) und zu zwei Drittel in hitzebeständige große Cupcake-Förmchen füllen. In den vorgeheizten Backofen schieben und 10 Minuten backen.

4   Temperatur auf 180 Grad reduzieren, Förmchen mit Backpapier abdecken, damit der Teig nicht zu dunkel wird, und weitere 10 Minuten backen. Förmchen aus dem Backofen holen, sofort stürzen und auf einem Metallgitter auskühlen lassen.

5 Die abgekühlten Amaranth-Miniburger waagerecht aufschneiden und jeweils beide Hälften gut mit Tomatenmark bestreichen. Auf jeweils eine Hälfte zusätzlich Dijon-Senf geben. Auf eine Hälfte 1–2 Scheiben Tomate legen, etwas salzen und pfeffern, die andere Hälfte mit Gurkenscheiben belegen. Salatblatt auf jede Hälfte legen.

6 Beide Miniburgerhälften zusammenklappen. Dazu passen Pomme-dé-lie (siehe Seite 104).

ABENDESSEN

TUNA MI BASIL –
Gebratene Shiitake mit Thunfisch
in Weißwein-Tomaten-Soße

....

Ergibt 4 Portionen
1 große Zwiebel
3 Knoblauchzehen | 4 Tomate
1 Bund frisches Basilikum
100 g Shiitake | 250 g frischer Thunfisch
2 EL Kokosnussöl
250 ml trockener Weißwein (ersatzweise eine
pflanzliche Milchalternative oder Hafer-Cuisine)
1 TL Himalaya-Salz
1 EL frisch gepresster Zitronensaft

1 Zwiebel und Knoblauch schälen, Tomate waschen. Alles klein würfeln. Basilikum fein hacken.

2 Shiitake mit einem Küchentuch abwischen (nicht unter fließendem Wasser reinigen!), die harten Stiele entfernen und die Pilze in Scheiben schneiden.

3 Thunfisch waschen, trocken tupfen und in mundgerechte Stücke schneiden.

4 Kokosnussöl in eine erhitzte Pfanne geben. Shiitake im heißen Öl goldbraun braten. Knoblauch, Zwiebeln und Himalaya-Salz in die Pfanne geben und mitbraten. Mit Weißwein ablöschen.

5 Thunfisch und Tomaten dazugeben, kurz mitbraten. Temperatur auf mittlere Stufe herunterdrehen. Tomaten, Basilikum, Pfeffer und Zitronensaft hinzufügen. Alles für etwa 10–15 Minuten zugedeckt köcheln lassen. Salzen und pfeffern.

TIPP

Zum Eindicken der Soße können auch gemahlene Chia-Samen (etwa 1 EL) eingerührt werden.

TAG 14
Samstag

FRÜHSTÜCK

Obstteller

....

Papaya, Mango, Himbeeren, Ananas, Erdbeeren, rote Drachenfrucht, Blaubeeren, Wassermelone und Pomelo in mundgerechte Stücke schneiden und auf einem Teller hübsch anrichten.

Magamani-Müsli

....

Ergibt 1 Portion

2 EL gekochte Quinoa (am Abend zuvor vorbereiten)

3 EL Schafsjoghurt | ¼ TL Zimt

¼ TL gemahlene Kurkuma

1 Messerspitze Ingwerpulver

1 EL Sultaninen, 30 Minuten in stillem Wasser eingeweicht | 1 EL Honig

1 EL Cashewkerne, zerkleinert und geröstet

Alle Zutaten miteinander vermengen.

MITTAGESSEN

MASA INDAH –
Deftige Spargel-Quiche

....

Ergibt 12 Stücke
Für den Teig

100 g Dinkelmehl | ½ TL Weinstein

100 g gemahlene Chia-Samen

1 TL Steinsalz | 1 Ei | 100 g Ziegenbutter

Für die Quiche

200 g Schalotten | 700 g grüner Spargel

180 g Ziegenquark | 2 EL Ziegenmilch

(ersatzweise andere Milch, jedoch keine Kuhmilch)

1 EL Dijon-Senf | 2 TL frisch gepresster Zitronensaft

Steinsalz und schwarzer Pfeffer

aus der Mühle zum Würzen | 30 g frische Kresse

1 kleine rote Chilischote | 3 EL Kokosnussöl

1 EL Kokosnussblütenzucker | 1 EL Wermut (weiß)

1   Für den Teig Dinkelmehl, Weinstein, Chia-Samen und 1 TL Steinsalz in einer Schüssel mischen. Ei und Ziegenbutter zur Mehlmischung hinzugeben und zum glatten Teig vermengen. Zur Kugel formen und abgedeckt 30 Minuten in den Kühlschrank stellen.

2   Für die Quiche Schalotten schälen und in klein würfeln. Spargel waschen, die Enden kürzen und in mundgerechte Stücke schneiden. Ziegenquark, -milch, Senf und Zitronensaft miteinander verrühren und mit Salz und Pfeffer würzen.

3   Kresse waschen, abtropfen lassen und grob hacken. Chilischote waschen, halbieren und zur Hälfte entkernen. In kleine Stücke schneiden. Backofen auf 200 Grad vorheizen.

4   Kokosnussöl in eine heiße Pfanne geben. Schalotten, Spargel und Chili darin anbraten. Kokosnussblütenzucker dazugeben, alles leicht karamellisieren und mit Wermut ablöschen. Mit Salz und Pfeffer würzen. Alles in eine Springform (30 cm Durchmesser) füllen und gleichmäßig verteilen.

5   Teig durchkneten und in eine runde Form von etwa 35 cm Durchmesser ausrollen. Teig auf die Spargelmischung legen, andrücken und die Teigränder innen an der Form entlang mit einer Gabel eindrücken. Quiche für etwa 23–25 Minuten im Backofen goldbraun backen.

6   Aus dem Ofen nehmen und den Teig mit einem Messer vom Rand lösen. Auf einen Grillrost geben (nicht stürzen!) und heiß oder kalt servieren.

7   Quark-Senf-Mischung und die Kresse in einer Servierschale miteinander verrühren, eventuell abschmecken und zur Spargel-Quiche reichen.

ABENDESSEN

DOM YAM –
Lustige Eier auf Shrimps-Mousse

....

Ergibt 9–11 Shrimpsbällchen
½ Bund Frühlingszwiebeln
300 g frische Shrimps (ersatzweise TK)
Steinsalz | 60 g Quinoa | 200 ml Wasser
5 Eier (davon 1 Ei für in die Masse)
Chilipulver, Steinsalz und schwarzer Pfeffer
Kaviar und Möhrenstifte zum Garnieren

1   Frühlingszwiebeln waschen, putzen und in feine Ringe schneiden. Shrimps waschen, putzen und 3–5 Minuten in Salzwasser köcheln lassen. Schwänzchen entfernen (für die Dekoration aufheben).

2   Quinoa in 200 ml Wasser und einer guten Prise Steinsalz aufkochen, Temperatur herunterdrehen und etwa 20–25 Minuten abgedeckt weiterköcheln lassen. Danach abseihen. 4 Eier hart kochen, schälen und halbieren.

3   Shrimps pürieren. Mit Quinoa, dem rohen Ei und Frühlingszwiebeln vermengen. Mit Chilipulver, Steinsalz und Pfeffer abschmecken. Masse zu Kugeln formen und zu 3–4 cm dicken Talern flach drücken.

4   Metallsieb über einen Topf mit köchelndem Wasser hängen, Shrimpstaler hineinlegen und etwa 3 Minuten zugedeckt dämpfen. Herausnehmen und auf jeden Taler ein halbes Ei legen. Das Ei mit Kaviar als Augen, Möhrenstift als Zunge und Shrimpsschwanz garnieren.

TAG 15
Sonntag

FRÜHSTÜCK

TAMAN SEPUTEH –
Amaranth-Beeren-Müsli

....

Ergibt 1 Portion
4 EL gepuffter Amaranth
5 frische Erdbeeren, geviertelt
2 EL Blaubeeren
1 EL Erdnussbutter, leicht erwärmt
1 EL Kokosnuss-Konfitüre, leicht erwärmt
(siehe Seite 109)

Den gepufften Amaranth in einen Suppenteller füllen, Früchte darauf verteilen und flüssige Erdnussbutter und Kokosnuss-Konfitüre darübergeben.

AWAL PAGI –
Getoastete Kokosnuss-Avocado-Brotscheibe

....

Ergibt 4 Portionen
4 Scheiben Chia-Brot
2 TL Kokosnussöl
1 Avocado, in dünne Scheiben geschnitten
Chilipulver, Himalaya-Salz und schwarzer Pfeffer
aus der Mühle zum Würzen
½ TL frisch gepresster Zitronensaft

Brotscheibe toasten, mit Kokosnussöl bestreichen, Avocadoscheiben darauf verteilen und mit Chilipulver, Himalaya-Salz und Pfeffer würzen. Ein paar Spritzer Zitronensaft darüberträufeln.

MITTAGESSEN

YAM OREN –
Gegrilltes Hühnerbrust-Nektarinen-Filet auf Erdbeer-Spinat-Salat

....

Ergibt 4 Portionen
Für das Hühnchen
60 ml Balsamico | 2 EL Kokosnussblütenzucker
¼ TL Steinsalz | schwarzer Pfeffer aus der Mühle
500 g Hühnerbrustfilet
etwas Kokosnussöl für das Backblech

Für den Salat
2 Nektarinen | 400 g Erdbeeren
1 rote Zwiebel | 100 g Spinatblätter
120 g Ziegenkäse | 60 g Mandelsplitter

Für die Vinaigrette
2½ EL Balsamicoessig
1 EL Kokosnussblütenzucker oder Honig
60 ml kalt gepresstes Argan- oder Olivenöl
1 rote Chilischote, entkernt und
in dünne Ringe geschnitten
1 Stange Zitronengras, in kleine Stücke geschnitten

1   Backofen auf 200 Grad vorheizen. Für das Hühnchen Balsamico, Kokosnussblütenzucker, Steinsalz und Pfeffer in einer Schüssel mischen, bis sich die

Kristalle aufgelöst haben. Hühnerbrust darin marinieren und 2 Stunden in den Kühlschrank stellen.

2 Mariniertes Filet auf ein mit Kokosnussöl eingeöltes Backblech legen und jede Seite 3–4 Minuten grillen. Hühnchenbrustfilets aus dem Backofen nehmen und abgedeckt beiseitestellen.

3 Für den Salat Nektarinen schälen und in Scheiben schneiden. Erdbeeren klein schneiden. Zwiebel schälen und in dünne Scheiben schneiden. Spinatblätter waschen und abtropfen lassen. Ziegenkäse zerkrümeln. Mandelsplitter leicht rösten.

4 Nektarinen auf dem Backblech von jeder Seite 3–4 Minuten bei 200 Grad grillen. Spinat, Erdbeeren, Ziegenkäse, Mandeln und Zwiebel in der Servierschale verteilen. Gegrilltes Filet in Scheiben schneiden und in die Schale geben.

5 Für die Vinaigrette Balsamico und Kokosnussblütenzucker vermischen, bis sich die Kristalle

aufgelöst haben. Mit einem Schneebesen aufschlagen und das Öl einfließen lassen. Vinaigrette glatt rühren. Zitronengras und Chilischote dazugeben, nochmals rühren. Salzen und pfeffern. 30 Minuten ziehen lassen. Die Zitronengrasstücke herausfischen und die Vinaigrette über den Salat gießen.

ABENDESSEN

UNGU TIMUN –
Gebackene Zucchini-Aubergine-Taler

Ergibt 3–4 Portionen

Für die Panade
2–3 Knoblauchzehen | 5 EL gemahlene Chia-Samen
1 TL gemahlene Kurkuma
1 TL Himalaya-Salz | 1 TL gelbes Currypulver
½ TL Chilipulver nach Belieben

Für die Taler
1 große grüne Zucchini | 1 Aubergine
1 Ei | 2–3 EL Kokosnussöl

1 Für die Panade den Knoblauch schälen und klein hacken. Mit allen angegebenen Panadezutaten vermischen und in einen tiefen Teller geben.

2 Zucchini und Aubergine waschen, putzen und in etwa 1½ cm dicke Scheiben schneiden. Das Ei in einem tiefen Teller mit einer Gabel aufschlagen.

3 Jede Gemüsescheibe in die Eimasse tunken, in der Panade wälzen und auf einen Teller legen. Öl in eine erhitzte Pfanne geben und die Taler bei mittlerer Hitze darin von beiden Seiten braten.

TAG 16
Montag

FRÜHSTÜCK

Kerdil-Müsli

Ergibt 1 Portion

3 EL kernige Haferflocken
1–1½ TL Kokosnussblütenzucker
1 EL geröstete Cashewkerne, zerkleinert
60 ml Haselnussmilch (ungesüßt)

Alle Zutaten miteinander vermischen und gleich
genießen.

KAMBING MASAM –
Ziegenschmand-Brotaufstrich

Ergibt 2 Portionen

150 Ziegenkäse
2 EL Ziegenjoghurt
1 große Schalotte
1 Knoblauchzehe nach Belieben
1 EL kalt gepresstes Oliven- oder Arganöl
frische Basilikumblätter
2 EL aufgequollene Chia-Samen
1 große Prise Himalaya-Salz
schwarzer Pfeffer aus der Mühle
1 Scheibe Brot (ohne Weizen)

1   Alle Zutaten bis auf das Brot in einen Mixer
geben und zu einer cremigen Masse pürieren.
Nach Bedarf weiteres Öl hinzufügen.

2   Brotscheibe toasten, mit etwas Kokosnussöl
bestreichen und dick Ziegenschmand darauf
verteilen.

MITTAGESSEN

KEMBANG SUSU –
Kürbis-Kokosmilch-Suppe
mit Blumenkohlreis

Ergibt 4 Portionen

½ Blumenkohl (mittelgroß)
½ mittelgroßer Kürbis, in Würfel geschnitten
1 rote Zwiebel, klein gehackt
150 ml Kokosnussmilch (siehe Seite 110)
1 kleines Stück Ingwerwurzel,
in dünne Scheiben geschnitten
1 rote Chilischote, entkernt und fein geschnitten
1 kleines Bund gehackte Korianderblätter
1 EL frisch gepresster Zitronensaft
1 TL gelbes Currypulver | ½ TL gemahlene Kurkuma
1 TL Stein- oder Himalaya-Salz
schwarzer Pfeffer aus der Mühle
2 EL Kokosnussöl

1   Blumenkohl im Mixer reiskorngroß zerkleinern.
Kürbis in Salzwasser gar kochen. Zwiebel in einem
Topf scharf anbraten, Kokosnussmilch und Kürbiswürfel dazugeben. Die Temperatur etwas reduzieren.

2 Ingwer, Chili, Koriander, Zitronensaft, Curry, Kurkuma, Salz und Pfeffer dazugeben. 10 Minuten simmern lassen. Topf beiseitestellen und mit einem Pürierstab gut durchmixen.

3 Nun den Blumenkohlreis dazugeben. Kurz aufkochen lassen.

4 Je nach Geschmack nochmals nachwürzen. Suppe in den Teller füllen und mit Koriander garnieren.

ABENDESSEN

PANMI TELUR –
Asiatische Nudelpfanne

·····················

Ergibt 4 Portionen
3 Packungen Shirataki-Nudeln
Himalaya-Salz zum Würzen | 3 Eier
2 EL Kokosnussöl
1 große Zwiebel, fein gehackt
1 dicke Lauchstange, in dünne Ringe geschnitten
1 rote Chilischote, entkernt und in
dünne Ringe geschnitten
100 g Zuckererbsenschoten
1 große Möhre, in Streifen geschnitten
100 g Mungosprossen (keine Sojasprossen)
¼ TL gelbes Currypulver
¼ TL Paprikapulver | ¼ TL gemahlene Kurkuma
1 EL Sojasoße | 3 EL Austernsoße

1 Nudeln in ein Sieb geben, abtropfen lassen und mit kaltem Wasser gut abspülen. 2–3 Minuten in Salzwasser kochen, abseihen und beiseitestellen.

2 Eier mit einer Prise Salz in einer Schüssel verquirlen. In ½ TL Kokosnussöl braten und beiseitestellen.

3 In eine erhitzte Pfanne 2 EL Kokosnussöl geben. Zwiebel, Lauch und Chili darin leicht anbraten, bis die Zwiebel glasig ist.

4 Zuckererbsenschoten und Möhrenstreifen hinzugeben und kurz dünsten (sie sollten noch knackig sein). Mungosprossen hinzufügen und kurz dünsten.

5 Rührei hinzufügen. Mit den übrigen Zutaten pikant würzen. Shirataki-Nudeln unterheben, abschmecken und noch heiß servieren.

TAG 17
Dienstag

FRÜHSTÜCK

Quinoa-Berry-Müsli

Ergibt 1 Portion

3 EL gekochte Quinoa (in Wasser oder Haselnussmilch,
aber ohne Salz und Zucker gekocht)
2 EL getrocknete Goji-Beeren
1 EL Kokosnussblütenzucker
50 ml Haselnussmilch (ungesüßt)
1 TL Zimt

Quinoa, Beeren, Zucker und Nussmilch gut verrühren. Vor dem Servieren mit Zimt bestreuen.

TERUNG TERANG –
Sesam-Aubergine-Aufstrich

Ergibt 4 Portionen

1 Aubergine
½ TL Himalaya-Salz | 1 EL Sesam
1 EL Kokosnussöl, plus etwas mehr für das Brot
1 EL Korianderblätter
1 EL aufgequollene Chia-Samen
2 TL Sesamöl
1–2 Spritzer frisch gepresster Zitronensaft
schwarzer Pfeffer aus der Mühle zum Würzen
1–2 Schreiben Brot (ohne Weizen)

1   Aubergine waschen, putzen und in Salzwasser weich kochen. Anschließend klein schneiden. Mit den übrigen Zutaten (bis auf das Brot) in einen Mixer geben und glatt pürieren.

2   Brot toasten, anschließend mit etwas Kokosnussöl bestreichen und dick Sesam-Aubergine-Aufstrich darauf verteilen.

TIPP

Den restlichen Aufstrich in ein sterilisiertes Glas geben und im Kühlschrank bis zu 3 Tage aufbewahren. Schmeckt köstlich zu gegrilltem Gemüse!

MITTAGESSEN

UBI AKAR –
Topinambursuppe

Ergibt 4 Portionen

750 g Topinambur | 3 kleine Schalotten, grob gewürfelt
Kokosnussöl zum Braten | 120 ml trockener Weißwein
200 ml Kokosnussmilch | 700 ml Gemüsebrühe
Steinsalz und schwarzer Pfeffer
aus der Mühle zum Würzen
120 g Krevetten (ohne Schale)
1 EL gehackter Dill | 1 EL geröstete Erdnüsse
1 Chilischote, entkernt und in sehr dünne Ringe
geschnitten | Schale von ½ Biozitrone
etwas Schnittlauch zum Garnieren

1   200 g Topinambur schälen, die übrigen Knollen (mit Schale) in mundgerechte Stücke schneiden und beiseitestellen.

6 Suppe in eine Servierschale füllen, knusprige Topinamburwürfel dazugeben und mit Schnittlauch garnieren.

ABENDESSEN

ADAS BAKUL –
Fenchel-Taboulé-Körbchen

....

Ergibt 4 Portionen
Für den Fenchel
2 große Fenchelknollen (mit Strunk), halbiert
¼ TL Himalaya-Salz | 1 TL Kokosnussöl
Basilikumblätter zum Garnieren

Für die Füllung
MEDOW BAKAR (siehe Seite 86)

1 Fenchelknollen etwas salzen und in einem Metallsieb über köchelndem Wasser 15–20 Minuten garen (je nach Dicke der Knollen).

2 Kokosnussöl in eine erhitzte Pfanne geben und die halbierten Fenchelknollen mit der Schnittfläche nach unten darin anbraten, bis sie leicht gebräunt sind.

3 Die oberste Knollenhaut mit dem Strunk jeweils vorsichtig abnehmen, mit dem Hohlraum nach oben auf einen Teller geben und 2–3 EL Taboulé hineinfüllen (je nach Appetit auch mehr). Die restliche Knolle dazulegen, mit Basilikumblättchen garnieren und etwas salzen.

2 Schalotten in etwas Kokosnussöl andünsten und mit Weißwein ablöschen.

3 Kokosnussmilch, Gemüsebrühe und die geschälten Topinambur hinzufügen. Mit Steinsalz und Pfeffer würzen und 20 Minuten köcheln lassen.

4 Die klein geschnittenen Topinambur in etwas Kokosnussöl knusprig anbraten.

5 Die Suppe mit einem Pürierstab fein pürieren. Krevetten, Dill, Erdnüsse, Chili, Zitronenschale hinzugeben, umrühren und erneut mit Steinsalz und Pfeffer abschmecken.

TAG 18
Mittwoch

FRÜHSTÜCK

Kleiner Obstsalat

....

Frische Sternfrucht, Erdbeeren, Papaya, rote Johannisbeeren, Wassermelone und Aprikose dekorativ auf einem Teller anrichten.

KELAPA LIMAU –
Kokosnuss-Limetten-Quinoa

....

Ergibt 3 Portionen
450 ml Kokosnussmilch | 200 g Quinoa
80 g Kokosnussblütenzucker oder Honig
4 EL aufgequollene Chia-Samen
Schale von 2 Biolimetten
Saft von 1 Biozitrone

1   Kokosnussmilch, Quinoa und Zucker in einer Kasserolle zum Kochen bringen, Temperatur herunterschalten und zugedeckt etwa 14–16 Minuten köcheln lassen, bis die gesamte Flüssigkeit absorbiert ist.

2   Von der Herdplatte nehmen, Chia-Samen und Limettenschale untermengen und vollständig abkühlen lassen. Anschließend frischen Zitronensaft unterrühren. Kalt oder aufgewärmt genießen.

Hinweis

....

Shiitakepilze sind gut bekömmlich, auch abends! Zudem haben sie die heilkräftigste Wirkung aller bisher bekannten Pilzsorten: Sie sind cholesterinsenkend, wirken normalisierend auf den Blutdruck, helfen bei Verstopfung, Gicht und Magengeschwüren und bieten einen hervorragenden Schutz gegen Grippeviren.

MITTAGESSEN

PUTIH CENDAWAN –
Geschwenkte Knoblauch-Shiitakepilze

....

Ergibt 2 Portionen
170 g frische Shiitake | 2 EL Kokosnussöl
4 Knoblauchzehen, fein gehackt
Himalaya-Salz und schwarzer Pfeffer
aus der Mühle zum Würzen
1 EL Butter (Schaf oder Ziege)
klein gehackte frische Petersilie
zum Garnieren

1   Shiitake mit einem Küchentuch trocken abwischen, die harten Stängel entfernen und die Pilze halbieren oder vierteln.

2 Kokosnussöl in einen erhitzten Topf geben und die Pilze im heißen Öl goldbraun braten. Knoblauch dazugeben und mitbraten, bis er glasig wird. Gut mit Salz würzen.

3 Topf von der Herdplatte nehmen, Butter hinzugeben, pfeffern, den Topf gut schwenken und zum Schluss vorsichtig umrühren. Petersilie darüberstreuen und servieren. Dazu passt 1 Scheibe Chia-Brot, mit Ziegenbutter bestrichen.

ABENDESSEN

DREI DRA –
Gebratene Shirataki-Nudeln mit Ei

Ergibt 1 Portion

1 Päckchen Shirataki-Nudeln

2 Eier

1 TL Kala Manak (indisches Schwarzsalz)

¼ TL Chilipulver

¼ TL gemahlene Kurkuma

½ EL Kokosnussöl

¼ Zwiebel, klein gehackt

1 EL gehackter Schnittlauch (oder Frühlingszwiebeln)

1 Nudeln in ein Sieb geben und mit kaltem Wasser gründlich abspülen. Auf ein sauberes Küchentuch legen und gut abtrocknen.

2 Eier, Kala Manak, Chilipulver und Kurkuma miteinander verquirlen.

3 In eine erhitzte Pfanne etwas Kokosnussöl füllen und die Zwiebeln darin leicht anbraten.

4 Trockene Shirataki-Nudeln hinzugeben und 3–4 Minuten braten. Anschließend mit Ei übergießen, verrühren und weiterbraten, bis das Ei gar ist.

5 Schnittlauch darüberstreuen, kurz durchmengen und servieren.

TAG 19
Donnerstag

FRÜHSTÜCK

Awan-Müsli

....

Ergibt 1 Portion

3 EL kernige Haferflocken | 1–1½ TL Kokosnuss-
blütenzucker | 1 EL geröstete Cashewkerne, zerkleinert
60 ml Haselnussmilch (ungesüßt)

Alle Zutaten miteinander verrühren und direkt genießen.

Frühstücksbrot

....

1–2 Scheiben getoastetes Brot dick mit Hummus
bestreichen. 1 hart gekochtes Ei in Scheiben schneiden und auf dem Hummus verteilen. Nach Belieben
würzen.

MITTAGESSEN

RAJA-RAJA CHICKEN –
Aprikosen-Mango-Hühnchen

....

Ergibt 2 Portionen

1 Huhn (etwa 1,5 kg)
2 Zimtstangen (ersatzweise 2 TL gemahlener Zimt)
5 schwarze Pfefferkörner
1 Prise Safran | 1 TL Himalaya-Salz
4 cm Ingwerwurzel, geschält
2 EL Currypulver
5 TL Chutney exotica (siehe Seite 114)
200 ml Schafsjoghurt | 200 ml Mayonnaise-Ersatz
(siehe SOS-Basisbuch, Seite 302)
2 TL Worcestersoße

50 g getrocknete Aprikosen
(ersatzweise getrocknete Mango), klein gehackt
2 EL gehackte Korianderblätter
50 g geröstete Mandelblättchen

1   Huhn gut waschen, ausnehmen und mit Zimt, Pfefferkörnern, Safran, Salz und der Hälfte des Ingwers in einen großen Topf geben. Wasser hinzufügen, bis das Huhn zu gut zwei Dritteln bedeckt ist, und zum Kochen bringen. Temperatur herunterschalten und zugedeckt für etwa 1½ Stunden köcheln lassen.

2   Huhn herausnehmen, abkühlen lassen, die Knochen entfernen und das Fleisch in mundgerechte Stücke zerteilen.

3   Den restlichen Ingwer klein hacken, mit dem Currypulver in einer Pfanne erhitzen, bis es duftet, und in eine Schüssel füllen.

4   Mango-Chutney, Joghurt, Mayonnaise, Worcestersoße und gehackte Trockenfrüchte dazugeben und alles gut vermengen.

5   Hühnchenstücke hinzufügen, mit Chili abschmecken und kurz vor dem Servieren gehackte Korianderblätter und geröstete Mandeln dekorativ darauf verteilen.

Dazu passen gedünsteter grüner Spargel, Rosenkohl oder Rotkohl. Nach dem Servieren mit etwas Kokosnussöl beträufeln oder ein paar Butterflöckchen darüber verteilen.

ABENDESSEN

HOPPINA PURI –
Herzhaftes Kürbispüree

....

Ergibt 2 Portionen
½ Kürbis (mittelgroß) | ½ TL gemahlene Kurkuma
½ TL Zimt | ½ TL Himalaya-Salz
30 g Ziegenbutter | 1 Messerspitze Chilipulver

1   Kürbis waschen, Kerne entfernen und 8 Minuten in heißes Wasser geben.

2   Die Schale entfernen und das Kürbisfleisch in Würfel schneiden.

3   Kürbiswürfel 12–15 Minuten in Wasser kochen, bis sie weich sind. Abseihen und die Würfel in eine Schale geben. Alle weiteren Zutaten hinzugeben und kräftig durchmischen.

4   Nach Geschmack nochmals mit Salz abschmecken.

TIPP

Wenn das Püree zu flüssig ist, teelöffelweise Kokosnussmehl hinzugeben und gut verrühren.

TAG 20
Freitag

FRÜHSTÜCK

PENCUCI LAPAN –
Haselnuss-Kokos-Quinoa-Apfel-Taler

Ergibt 4 Portionen
1 Tasse Quinoa | 250 ml Kokosnussmilch
3 EL Kokosnussblütenzucker
3 EL Kokosnussraspeln
50 g Haselnüsse, geraspelt | 10 schwarze Rosinen
½ TL Zimt plus etwas zum Bestäuben
¼ TL gemahlener Kardamom
1 Apfel, in Scheiben geschnitten
1 TL Kokosnussöl

1   Backofen auf 180 Grad vorheizen.

2   Quinoa gründlich waschen und abtropfen lassen. Mit Kokosnussmilch und Zucker in einem Topf zum Kochen bringen. Temperatur herunterschalten und etwa 10 Minuten zugedeckt köcheln lassen.

3   Anschließend Kokosnussraspeln, geraspelte Haselnüsse, Rosinen, Zimt und Kardamom dazugeben, umrühren und weitere 10 Minuten köcheln lassen.

4   Apfelscheiben auf ein mit Kokosnussöl eingepinseltes Backblech legen und für 10 Minuten in den vorgeheizten Backofen geben.

5   Haselnuss-Kokos-Quinoa auf den gebackenen Apfelscheiben mit etwas Zimt bestäuben und noch warm servieren.

MITTAGESSEN

BOLA MERAH –
Erdbeer-Minze-Tomaten-Salat

Ergibt 2 Portionen
Für das Dressing
3 EL weißer Balsamico
6 EL Himbeeressig
3 EL Kokosnussblütenzucker
1 EL Kokosnussöl

Für den Salat
500 g frische Erdbeeren
350 g Kirschtomaten
15 g Minzeblätter

1   Für das Dressing alle Zutaten bis auf das Öl in eine Schüssel geben und so lange mit der Gabel verschlagen, bis sich die Zuckerkristalle vollständig aufgelöst haben. Danach das Öl einrühren.

2   Erdbeeren je nach Größe halbieren oder vierteln. Kirschtomaten halbieren.

3   Minzeblätter in nicht zu feine Streifen schneiden.

4   Alles in eine Schüssel geben, mit dem Dressing übergießen, vorsichtig durchmischen und etwa 5 Minuten ziehen lassen. Danach sofort servieren.

ABENDESSEN

HIJAU IKAN –
Überbackener Lachs auf grünem Spargel

·····································

Ergibt 2 Portionen

2 Lachsfilets (jeweils etwa 150 g)
5 EL Kokosnussöl
Himalaya-Salz und schwarzer Pfeffer aus der Mühle
1 Bund Petersilie
1 EL Estragon (möglichst frisch)

3 Knoblauchzehen
1 EL Tomatenmark
50 g gemahlene Chia-Samen
500 g grüner Spargel

1   Backofen auf 200 Grad vorheizen (keine Umluft).

2   Lachsfilets gründlich abwaschen und mit einem Küchentuch trocken tupfen. Von beiden Seiten mit Kokosnussöl beträufeln, pfeffern und kräftig salzen. Anschließend auf ein eingeöltes Backblech legen.

3   Petersilie, Estragon und Knoblauch klein hacken.

4   Tomatenmark, Chia-Samen, Petersilie, Estragon und Knoblauch in eine Schüssel geben und vermischen. 3–4 EL Kokosnussöl hinzufügen und mit Salz und Pfeffer abschmecken. Nun alles kräftig rühren, bis eine Paste entstanden ist. Nochmals abschmecken.

5   Die Paste auf dem vorbereiteten Lachsfilet verteilen und das Backblech in den Ofen schieben. In 12–15 Minuten goldbraun backen.

6   Vom Spargel die trockenen Enden abschneiden. Etwa 4–5 Minuten in gesalzenem Wasser bissfest garen. Anschließend gut abtropfen lassen und mit dem überbackenen Lachs auf einem Teller anrichten.

TAG 21
Samstag

FRÜHSTÜCK

SEDIKIT WING –
Ananas-Chia-Kokos-Müsli

Ergibt 1 Portion

1 Scheibe Ananas
100 ml Kokosnusswasser
100 ml Kokosnussmilch
1 EL Kokosnussraspeln
4 EL körnige Haferflocken
1–2 TL Kokosnussblütenzucker
1 EL Chia-Samen

Ananas fein würfeln. Zusammen mit allen anderen Zutaten in eine Frühstücksschüssel geben und gut vermischen.

Frühstücksbrot

1 Scheibe Brot (ohne Weizen) toasten, mit Kokosnussöl bestreichen und mit Rührei belegen. Würzen und Kräuter nach Wahl.

MITTAGESSEN

BUNGA PURI –
Blumiges Kartoffelpüree

Ergibt 2 Portionen

120 g Blumenkohl | 350 ml Wasser
½ TL Steinsalz | 3 EL Hirse
2 Knoblauchzehen | 1 kleine Zwiebel
1 EL Kokosnussöl
3 EL Walnuss-Coffee-Creamer
(ersatzweise vegane Sahne)

1   Blumenkohl klein schneiden und in einen Topf geben. Wasser, Salz und Hirse hinzufügen, Deckel auf den Topf legen und zum Kochen bringen. Die Temperatur reduzieren und etwa 30–35 Minuten sanft köcheln lassen.

2   Sobald die Hirse weich und dicklich ist, den Topf von der Herdstelle nehmen und zugedeckt 4–5 Minuten stehen lassen. Knoblauch und Zwiebel in dünne Scheiben schneiden und mit dem Kokosnussöl in einer Pfanne scharf anbraten. Beiseite stellen.

3   Blumenkohl, Hirse und Coffee-Creamer in einen Mixer geben und zu einem feinen, glatten Püree verarbeiten. In eine Porzellanschüssel füllen. Zwiebeln und Knoblauch unterrühren. Nach Geschmack nochmals mit Salz abschmecken.

ABENDESSEN

LEMBU ROD –
Rinder-Zimt-Stange

....

Ergibt 6 bis 8 Stangen
2 Eier | 300 g mageres Rinderhack
¼ TL Himalaya-Salz
1 große rote Zwiebel, fein gewürfelt
2 Knoblauchzehen, fein gehackt
1 kleines Bund Petersilie, gehackt
¼ TL gemahlene Kurkuma | ½ TL Zimt
1 EL Kürbiskerne, geröstet und klein gehackt
50 ml Sprudelwasser
3 EL gemahlene Chia-Samen
1 EL Kokosnussöl | 8 Zimtstangen

1 Backofen auf 180 Grad vorheizen. Die Eier trennen. Rinderhack, Eigelb, Salz, Zwiebelwürfel, Knoblauch, Petersilie, Kurkuma, Zimt, geröstete Kürbiskerne und Sprudelwasser in einer Schüssel sorgfältig vermengen.

2 Eiweiß zu Schnee schlagen und unter die Fleischmasse heben.

3 Die Hälfte der gemahlenen Chia-Samen auf eine Arbeitsfläche streuen. Die Fleischmasse daraufle-gen, zu einer dicken Rolle (Durchmesser etwa 5 cm) formen und in 8 gleich große Stücke schneiden. Jede Rolle nochmals mit den restlichen gemahlenen Chia-Samen panieren.

4 Durch die Mitte des Fleischstücks eine Zimtstan-ge stechen (die Enden der Zimtstange sollten gleich lang herausragen). Die Fleischenden an der Zimtstange (Mitte) fest zusammendrücken.

5 Fleisch-Zimt-Stangen auf ein mit Kokosnussöl eingefettetes Backblech legen und etwa 25 Minuten in den vorgeheizten Backofen schieben, bis das Fleisch innen gar ist.

Als Beilage empfehle ich den Rest des Pürees vom Mittagessen oder gebratenes oder gekochtes Gemüse aller Art.

Dazu passen auch BERAPI MENYAM – Feuriger Tomaten-Knoblauch-Dip (siehe Seite 44) oder MAGA KU – Cremiges Avocadodressing (siehe Seite 84).

REZEPTTEIL

Von herzhaft bis süß, von warm bis kalt, schnell
oder auf Vorrat gemacht: Diese köstlichen Gerichte
mit Asia-Touch halten Sie mühelos auf
Ihrem neuen Schlank-Kurs.

Aufstriche
für das Frühstücksbrot

Um leckere und gesunde Brotaufstriche herzustellen,
benötigen Sie eine Grundmasse auf der Basis von Eiweiß oder Kohlenhydraten
und natürlich geschmackliche Komponenten. Bitte verwenden Sie
bei allen Zutaten möglichst Bioqualität.

Als Basis eignen sich zum Beispiel:

Gemüse Artischocken, Lauch, Topinambur, Porree, Zucchini, Salatgurke, Avocado, Paprika, Yamswurzel, Aubergine, Tomaten, Sellerie, Zwiebeln, Schalotten, Knoblauch, Möhren, frischer Meerrettich, Lotoswurzel

Obst Bananen, Pflaumen, Äpfel, Trauben, Beeren

Samen Chia-, Lein-, Senfsamen, Sesam, Grün-, Kürbis-, Sonnenblumenkerne

Hülsenfrüchte Lima-, Garten-, Stangen-, Kidneybohnen, Lupinen, Wicken, Linsen, Erbsen

Nüsse Mandeln, Pinien-, Cashewkerne, Wal-, Hasel-, Erdnüsse

Frische Kräuter werden für den Geschmack, die Optik und für die Gesundheit benötigt, wie beispielsweise Koriander, Dill, Kresse, Minze, Pastinakengrün, Sauerampfer, Petersilie, Schnittlauch, Basilikum, aber auch die Chilischote, die jedoch botanisch zur Kategorie Frucht gehört. Getrocknete Kräuter wie Liebstöckel, Oregano, Majoran, Rosmarin können ebenso verwendet werden. Und natürlich dürfen Gewürze wie zum Beispiel Salz, Pfeffer, Muskatnuss, Anis, Bärlauch, Kümmel, Kardamom, Kurkuma, Chilipulver, Curry, Ingwer, Paprika nicht fehlen.

TIPP

Wenn Sie einen Brotaufstrich auf der Basis von frischen Zutaten herstellen, sollte er unbedingt im Kühlschrank aufbewahrt und innerhalb weniger Tage verbraucht werden. Ein Brotaufstrich auf der Basis von Nüssen, Hülsenfrüchten und Samen kann durch Erhitzen länger haltbar gemacht werden. Dazu werden die Zutaten unter ständigem Rühren aufgekocht und umgehend in einen vorher sterilisierten und luftdicht verschließbaren Glasbehälter gefüllt. So ist der Aufstrich im Kühlschrank mehrere Wochen haltbar.

KETUMBAK LEEK –
Lauch-Koriander-Brotaufstrich

....

Ergibt etwa 250 ml

150 g Kürbiskerne | 200 ml Wasser
4 EL Kokosnussöl (ersatzweise Arganöl oder
kalt gepresstes Olivenöl)
2 EL frisch gepresster Zitronensaft
1 TL Himalaya-Salz | schwarzer Pfeffer aus der Mühle
¼ Lauchstange, in feine Ringe geschnitten
¼ Schalotte, in sehr feine Würfel geschnitten
1 Handvoll Korianderblätter, klein gehackt

1 Kürbiskerne rund 12 Stunden in stillem Wasser einweichen.

2 Abseihen. Das Wasser auffangen.

3 Kürbiskerne, Wasser, Öl, Zitronensaft, Salz und Pfeffer in einem Mixer oder mit dem Pürierstab so lange pürieren, bis eine streichfähige Masse entstanden ist. Für eine optimale Konsistenz teelöffelweise weiteres Öl hinzufügen.

4 Anschließend Lauch, Schalotte und Koriander hinzugeben und kurz durchmixen. Mit Salz und Pfeffer nochmals abschmecken.

Mein Tipp

....

Alternativ können Sie Kürbiskerne auch 10–12 Minuten weich köcheln, abseihen, abtropfen lassen und sofort weiterverarbeiten.

BERRI SARAPAN –
Pfeffer-Erdbeer-Butter

....

Ergibt etwa 150 g

120 g raumtemperierte Schafsbutter
(ersatzweise Kokosnussöl oder Ghee)
½ TL grob gehackte bunte Pfefferkörner
½ TL frischer Thymian, sehr fein gehackt
50 g Erdbeeren, in kleine Stücke geschnitten
1 EL Chia-Samen (trocken)

1 Butter in einer Küchenmaschine (Schneebesen) auf Höchststufe schaumig schlagen.

2 Geschwindigkeit reduzieren, Pfeffer und Thymian hinzufügen und etwa 4 Minuten rühren.

3 Anschließend auf niedrigste Stufe stellen, die Erdbeeren und die Chia-Samen hinzufügen und maximal 2 Minuten rühren.

TIPP

Diese Butter kann maximal 3 Tage im Kühlschrank gelagert werden. Auch auf Gebäck und Waffeln schmeckt sie sehr lecker.

PICAH BANG –
Süßer Zimt-Erdnuss-Hummus

Ergibt etwa 150 g

100 g eingeweichte Kichererbsen
(nicht aus der Dose) | 5 EL Kokosnussöl
2 EL KAYA-Kokosnusskonfitüre (siehe Seite 109)
2 EL Erdnussbutter | 2 TL Mandelmus
1 TL Zimt | einige Spritzer frisch
gepresster Zitronensaft

Alle Zutaten in einem Mixer zu einer cremigen
Masse mixen. Nochmals abschmecken.

Powerriegel und Süßes
für zwischendurch

Katharinas
Chia-Powerriegel

Ergibt 8 Riegel
50 g gemahlene Chia-Samen
90 g Erdnussbutter
50 g Cashewnüsse, gut geröstet (nicht schwarz)
und klein gehackt
2 EL Honig | 3 EL Kokosnussöl
50 g kernige Haferflocken | 15 g gepuffter Amaranth
1 gestrichener TL Avocadokernpulver

1 Alle Zutaten in einer Schüssel gut vermengen.

2 Backblech (ca. 20 x 30 cm) großzügig mit
Backpapier auslegen und die Masse etwa 2 cm
dick darauf verteilen.

3 Mit dem überstehenden Backpapier rundum
bedecken und mit einem flachen Holzlöffel so lange
darauf klopfen und die Masse zusammenschieben,
bis ein gleichmäßiges, festes Rechteck entstanden
ist.

4 Rechteck mit dem Backpapier rundherum fest verschließen und samt dem Backblech für gut 2 Stunden in den Kühlschrank stellen.

5 Backpapier entfernen und Masse in 8 gleich große Riegel schneiden.

6 Jeden Riegel separat in Backpapier einwickeln und im Kühlschrank aufbewahren. Nach Bedarf verzehren.

Norberts köstliche Nuss-Protein-Riegel

....

Ergibt 8–12 Riegel
1 EL Erdnussbutter
2 EL Kokosnussöl | 1 Ei
2–3 EL Honig | 1 TL Zimt
2 EL Proteinpulver mit Vanillegeschmack
80 g Mandeln, grob gehackt
70 g Walnüsse, grob zerteilt
50 g geröstete Kürbiskerne, klein gehackt
100 g Backpflaumen, fein geschnitten
50 g geschredderte Kokosnuss-Chips

1 Backofen auf 140 Grad vorheizen.

2 Erdnussbutter, Kokosnussöl, Ei, Honig, Zimt und Proteinpulver in einer Schüssel gut verrühren.

3 Die restlichen Zutaten nach und nach hinzufügen und jeweils gut einarbeiten.

4 Alles kräftig durchmengen, bis sämtliche Zutaten gut miteinander vermischt sind.

5 Nochmals abschmecken. Je nach Bedarf noch etwas Honig, Proteinpulver oder auch andere Nusssorten, Rosinen oder Goji-Beeren hinzugeben.

6 Kleines Backblech oder rechteckiges Pizzablech (20 x 30 cm) mit Backpapier auslegen und die Masse gleichmäßig etwa 1½ bis 2 cm dick darauf verteilen. Backblech 15–20 Minuten in den vorgeheizten Backofen schieben, bis der Honig an den Rändern der Masse leicht karamellisiert.

7 Backblech aus dem Backofen nehmen, Masse abkühlen lassen und anschließend mit einem scharfen Messer gleichmäßig in Riegel zerteilen.

NO-BY-Riegel – Fast wie Bounty

....

Ergibt 8–12 Riegel
2 Eier | 200 ml frische Kokosnussmilch
(nicht aus der Dose)
3 EL Kokosnussöl | 3 EL Akazienhonig
1 EL Vanilleextrakt (ersatzweise Mark von
1 Vanilleschote) | 2 gehäufte EL Kokosnussmehl
¼ TL Himalaya-Salz | 300 g frisch geraspelte Kokosnuss
(ersatzweise 220 g getrocknete Kokosnussraspeln)
200 g Kakaobohnen (ersatzweise 200 g Blockschokolade
mit mind. 70% Kakaoanteil)

1 Backofen auf 175 Grad vorheizen.

2 Eier in einer Schüssel schaumig schlagen, anschließend Kokosnussmilch und Kokosnussöl hinzugeben und gut verrühren.

3 Honig und Vanilleextrakt hinzufügen und weiter gut verschlagen.

4 Anschließend 1 EL Kokosnussmehl vorsichtig unterrühren. Dann das restliche Kokosnussmehl unter ständigem Rühren hinzugeben.

5 Salz und Kokosnussraspel hinzufügen und gut verrühren, bis eine teigartige Masse entstanden ist.

6 Teig nach Belieben abschmecken.

7 Backblech oder eine rechteckige Pizzaform mit Backpapier auslegen.

8 Kokosnussmasse gleichmäßig etwa 1½ cm dick darauf verteilen. Backblech in den Ofen schieben und etwa 35 bis 40 Minuten backen, bis die Masse trocken ist.

9 Backblech aus dem Ofen nehmen und die Masse auf einem Rost abkühlen lassen.

10 Kakaobohnen im warmen Wasserbad bei etwa 38 Grad Wassertemperatur schmelzen lassen.

11 Abgekühlte Kokosmasse in etwa 2 x 6 cm große Streifen schneiden, mit der flüssigen Schokolade rundherum bestreichen und bei Raumtemperatur gut 2 Stunden lang auskühlen lassen.

12 Anschließend für mindestens 1 Stunde in den Kühlschrank stellen und in 8–12 Riegel schneiden.

TIPP

Zur Aufbewahrung jeden Riegel in Backpapier verpacken und zurück in den Kühlschrank geben.

MAN CHI –
Mandelmilch-Zimt-Kurkuma-Chia-Drink

1 1 Glas (250 ml) selbst gemachte Mandelmilch leicht erwärmen. 3 EL aufgequollene Chia-Samen, 1 TL Zimt, ½ TL Kurkuma und ½ TL Matcha-Teepulver hinzufügen und gut verrühren.

2 Für Süßmäulchen mit etwas Kokosnussblütenzucker oder regionalem Biohonig abschmecken.

Hinweis

Nur bis 16 Uhr verzehren, Sie können sonst nicht schlafen.

BUNGA HENTI –
Gebackener Obst-Potpourri

Ergibt 2 Portionen
1 Birne | 1 Apfel | 4 Aprikosen | ¼ Ananas
etwas Kokosnussöl
Kokosnussblütenzucker nach Belieben
Gewürze nach Belieben

1 Das Obst in mundgerechte Stücke schneiden und auf ein mit Kokosnussöl eingefettetes Backblech legen.

2 Würzen nach Belieben, zum Beispiel leicht süß mit Kokosnussblütenzucker oder herzhaft-pikant mit 1 Prise Chilipulver, Kurkuma oder/und frisch gemahlenem schwarzem Pfeffer. Etwa 12 Minuten bei 120 Grad im Backofen backen.

Salate, Dressings und Dips

POTATA MIRI –
Süßkartoffel-Rote-Bete-Salat

....

Ergibt 5 Portionen
Für die Vinaigrette
8 EL frisch gepresster Zitronensaft
4 EL Kokosnussblütenzucker | 6 EL Kokosnussöl
2 EL Dijon-Senf | 3 EL Chia-Samen (trocken) |
½ TL Steinsalz | 50 ml Wasser | gemahlene Papayakerne oder schwarzer Pfeffer aus der Mühle

Für den Salat
2 Süßkartoffeln (etwa 350 g) | 2 Rote Bete
2 große Möhren | 2 Bund Frühlingszwiebeln
100 g geröstete Kürbiskerne

1 Für die Vinaigrette Zitronensaft und Kokosnussblütenzucker in eine Schüssel geben und so lange rühren, bis sich die Kristalle vollständig aufgelöst haben.

2 Kokosnussöl und Dijon-Senf hinzugeben und kräftig verrühren.

3 Chia-Samen und Salz hinzufügen und so lange verrühren, bis alle Samen mit Flüssigkeit verbunden sind.

4 Das Wasser hinzufügen, etwas Papayakernpulver oder Pfeffer dazugeben und erneut gut verrühren. Nach Belieben nochmals abschmecken.

5 Die Vinaigrette 20 Minuten abgedeckt beiseitestellen.

6 Süßkartoffeln, Rote Bete und Möhren schälen, danach mit einem Spiralschneider bearbeiten.

7 Frühlingszwiebeln waschen und in 4 cm lange, sehr feine und dünne Streifen schneiden.

8 Alles in eine große Schüssel geben, mit der Vinaigrette übergießen, mit Kürbiskernen bestreuen und gut vermengen.

Dazu passen herzhafte Quinoa-Frikadellen (siehe SOS-Basisbuch, Seite 292).

BERRY BELLY –
Melonen-Beeren-Salat mit Zitronen-Himbeer-Dressing

....

Ergibt 4 Portionen
Für den Salat
1 große Wassermelone
2 Kiwis | 250 g frische Erdbeeren
500 g Cantaloupe-Melone
150 g frische Himbeeren | 150 g frische Blaubeeren
150 g frische Brombeeren | 250 g Trauben (grün)

Für das Himbeer-Zitronen-Dressing
80 g Kokosnussblütenzucker oder Honig
frisch gepresster Saft von 2 Zitronen
60 g TK-Himbeeren, aufgetaut und püriert

1 Für den Salat den oberen Teil (etwa ⅛) der Wassermelone abschneiden. Die Melone dient später als Servierschale.

2 Aus dem Fruchtfleisch mit einem Melonenlöffel Kugeln herausarbeiten, bis die Melone ausgehöhlt ist. Für den Salat werden 450 g Melonenbällchen benötigt; die restlichen Bällchen beiseitestellen und später zu Wassermelonensaft oder Meloneneis verarbeiten.

3 Sämtliche Früchte gut waschen und abtropfen lassen.

4 Kiwis schälen und in Scheiben schneiden. Erdbeeren halbieren.

5 Aus der Cantaloupe-Melone mit einem Melonenlöffel 400 g Kugeln herausarbeiten.

6 Alle Früchte in eine große Schüssel geben.

7 Für das Dressing Kokosnussblütenzucker und frisch gepressten Zitronensaft verrühren, bis sich die Kristalle vollständig aufgelöst haben. Das Himbeerpüree dazugeben, gründlich vermischen und nochmals mit Kokosnussblütenzucker abschmecken.

8 Dressing über die Früchte gießen und vorsichtig vermengen.

9 Die Früchte mit dem Dressing in die ausgehöhlte Wassermelone füllen und bis zum Servieren in den Kühlschrank stellen.

Katharinas Sesamdressing

....

Ergibt etwa 60 ml
2 EL Kokosnussblütenzucker oder Honig
3 EL frisch gepresster Zitronensaft
2 EL Sesamsamen | 4 EL Sesamöl
¼ TL Steinsalz | schwarzer Pfeffer aus der Mühle

1 Kokosnussblütenzucker und Zitronensaft gut vermischen, bis sich die Kristalle vollständig aufgelöst haben.

2 Sesamsamen in einer Pfanne ohne Öl leicht anrösten, bis sich ein rauchiger Geruch entwickelt. Abkühlen lassen.

3 Geröstete Sesamsamen, Sesamöl, Zucker-Zitronensaft-Mischung, Salz und Pfeffer in ein hohes schmales Gefäß füllen und mit einem Pürierstab gut durchmixen, bis eine cremige Konsistenz entsteht. Nach Geschmack mit Salz und Pfeffer nachwürzen. Bis zum Verzehr in einem verschließbaren Glasbehälter im Kühlschrank aufbewahren.

Frisch aus dem Kühlschrank geholt kann das Dressing auch als Senfersatz verwendet werden.

TIPP

Porzellanbeschichtete Pfannen eignen sich besonders gut zum Rösten und sparen Energie.

Die Konsistenz des Dressings wird etwas dicker, wenn am Schluss ein zusätzlicher Esslöffel Sesamsamen (ungeröstet) eingemixt wird.

MAGA KU –
Cremiges Avocadodressing

Ergibt etwa 240 ml

½ reife Avocado | 100 g frischer Koriander, fein gehackt
100 g Schafsjoghurt | 1 EL Limettensaft
1 Knoblauchzehe, geschält und grob zerteilt
2 Frühlingszwiebeln, geschält und
in kleine Würfel geschnitten
½ TL Kokosnussblütenzucker | ½ TL Steinsalz

Alle Zutaten in einen Mixer geben und zu einer feinen Creme pürieren. Nach Bedarf ein wenig Wasser hinzugeben. Das Dressing kann in einem verschließbaren Glasbehälter bis zu 3 Tage im Kühlschrank aufbewahrt werden.

Suppen

LOBAK BETIK –
Papaya-Apfel-Möhren-Suppe

Ergibt 4 Portionen
500 ml stilles Wasser
1 mittelgroße Papaya, gewürfelt
5 mittelgroße Äpfel, gewürfelt
6 große Möhren, in Scheibchen geschnitten
2 Knoblauchzehen,
in feinste Scheiben geschnitten

1 mittelgroße Ingwerwurzel,
in feinste Scheiben geschnitten
200 ml Kokosnussmilch
2 EL gemahlene Chia-Samen
2 EL Kokosnussblütenzucker
½ TL Himalaya-Salz | 1 frische rote Chili, entkernt,
halbiert und in kleine Halbmonde geschnitten
1 TL Zimt | frische Kräuter nach Wahl, klein gehackt

1   Das Wasser in einen hohen Topf geben und zum Kochen bringen.

2 Alle anderen Zutaten mit Ausnahme der Kräuter in das kochende Wasser geben, umrühren und etwa 40 Minuten auf mittlerer Hitze köcheln lassen. Zwischendurch umrühren.

3 Anschließend den Topf vom Herd nehmen und die Suppe mit einem Pürierstab cremig pürieren.

4 Mit Salz, Pfeffer und Kokosnussblütenzucker nochmals abschmecken. Das Ergebnis sollte eine fruchtige elegante Schärfe haben. Nach dem Servieren im Teller mit Kräutern garnieren.

CENDAWAN DEAR –
Asiatische Hühnchen-Pilz-Kokosnuss-Suppe

....

Ergibt 2 Portionen
250 g Hühnerbrustfilet
2 EL Kokosnussöl
1 große rote Zwiebel, gehackt
1 rote Chilischote, entkernt, halbiert und
in kleine Halbmonde geschnitten
2 Knoblauchzehen, gehackt
100 g Pilze, halbiert | 150 ml Kokosnussmilch
2 Stangen Zitronengras,
in etwa 3 cm lange Stücke geschnitten
1 TL Steinsalz
12 g frischer Ingwer, in dünne Scheiben geschnitten
1 kleines Bund frischer Koriander
1 kleines Bund frischer Estragon
1–2 EL frisch gepresster Zitronensaft
zum Abschmecken
schwarzer Pfeffer aus der Mühle

1 Das Hühnerbrustfilet waschen und in mundgerechte Stücke schneiden.

2 Kokosnussöl in eine heiße Pfanne geben. Zwiebel, Chili und Knoblauch dazugeben und scharf anbraten.

3 Als Nächstes die Hühnerbrustfilet-Stücke hinzufügen und mitbraten.

4 Die Pilze untermischen und 2–3 Minuten anbraten.

5 Mit Kokosnussmilch ablöschen, Zitronengras, Salz und Ingwer dazugeben. Die Temperatur herunterdrehen und alles 12 Minuten köcheln lassen.

6 In der Zwischenzeit vom Koriander und Estragon die Blätter abzupfen und hacken.

7 Kräuter in die Pfanne geben und nochmals 3 Minuten ziehen lassen. Mit Zitronensaft, Salz und Pfeffer abschmecken.

Mein Tipp

....

Bleiben frisch gehackte Kräuter übrig, am besten in einen verschließbaren Glasbehälter geben und im Kühlschrank aufbewahren. Sie halten sich, wie auch fast alle anderen Lebensmittel, in Glasbehältern länger.

Herzhafte Gerichte

MEDOW BAKAR –
Arabisches Taboulé

....

Ergibt 3 Portionen
2 Bund Petersilie | 2 große Tomaten
2 Schalotten | 4–5 getrocknete Tomaten
3 EL gekochte Quinoa | 2 Zitronen
2 EL kalt gepresstes Oliven- oder Arganöl
Himalaya-Salz und schwarzer Pfeffer
aus der Mühle zum Würzen

1 Petersilie gründlich waschen, die Blätter von den Stängeln zupfen und grob hacken.

2 Tomaten waschen und in sehr kleine Würfel schneiden.

3 Schalotten schälen und klein hacken.

4 Getrocknete Tomaten in sehr kleine Würfel schneiden.

5 Alles in eine Schüssel geben, gekochte Quinoa hinzufügen und gut durchmischen.

6 Zitronen auspressen, mit Öl verrühren, mit Salz und Pfeffer würzen, gut vermischen und nochmals abschmecken.

7 Die Marinade über den Salat geben, gründlich vermischen und 5–10 Minuten ziehen lassen.

DAGING SALAH –
Amaranth-Petersilien-Taler

....

Ergibt 12–14 Taler
Für die Panade
4 EL Kokosnussmehl | 4 EL Dinkelbrösel

Für die Taler
140 g Amaranth | 300 ml Gemüsebrühe
4 EL Kürbiskerne | 2 Zwiebeln | 3 Knoblauchzehen
4 Eier | 6 EL Petersilie, klein gehackt
2 TL Dijon-Senf | 6 EL gepuffter Amaranth
Himalaya-Salz und schwarzer Pfeffer
aus der Mühle zum Würzen
4–5 EL Kokosnussöl zum Braten

1 Für die Panade Kokosnussmehl und Dinkelbrösel gut vermischen und in eine flache Schale füllen.

2 Amaranth mit der Gemüsebrühe kurz aufkochen lassen und bei schwacher Hitze zugedeckt etwa 25 Minuten weiterköcheln lassen. Anschließend die verbliebene Flüssigkeit abseihen und den gekochten Amaranth abkühlen lassen.

3 Kürbiskerne grob hacken und anrösten.

4 Zwiebeln und Knoblauch schälen und klein hacken. Eier leicht verschlagen.

5 Abgekühlten Amaranth, Eier, Kürbiskerne, Zwiebeln, Knoblauch, Petersilie, Senf und gepufften

Amaranth in eine große Schüssel geben und gut vermischen. Mit Salz und Pfeffer abschmecken.

6 Amaranth-Petersilien-Masse zu kleinen Kugeln formen, mit einem Esslöffel flach drücken und die Taler in der Panade von allen Seiten wälzen.

7 Amaranth-Petersilien-Taler in Kokosnussöl knusprig braun braten.

BAWANG PURI –
Zimt-Möhren-Lauch-Püree

Ergibt 2–3 Portionen
1 Möhre (200 g)
500–600 g Süßkartoffeln
1 Lauchstange (50 g)
1 Ingwerwurzel (10–12 g)
2 TL Himalaya-Salz und etwas mehr zum Würzen
40 g Ziegenbutter | 1 TL Zimt
1 TL gemahlene Kurkuma

1 Möhre, Süßkartoffeln, Lauch und Ingwer waschen, putzen und in kleine Stücke schneiden.

2 Alles in einem Topf mit Wasser und 2 TL Salz bei geschlossenem Deckel etwa 15 Minuten weich kochen.

3 Anschließend abseihen, Gemüse in eine große Schüssel geben, Ziegenbutter, Zimt, Kurkuma und etwas Salz dazugeben und mit einem Zauberstab glatt pürieren.

4 Nochmals abschmecken und warm servieren.

BEEF RENDANG –
Traditionelles malaysisches Gericht

Ergibt 4–6 Portionen
1 Ingwerwurzel (etwa 5 cm)
1 kleine rote Chilischote
2 Stängel Zitronengras
1 Bio-Zitrone
1 kg mageres Rindfleisch
1 TL Koriandersamen
100 g Kokosnussflocken (ungesüßt, möglichst frisch)
3 EL Tomatenmark
2 große Zwiebeln
4 Knoblauchzehen
1½–2 TL Himalaya-Salz
½ TL schwarzer Pfeffer aus der Mühle
¼ TL Cayennepfeffer
5 EL Kokosnussöl
1 l frische Kokosnussmilch (siehe Seite 110)
3 EL Kokosnussblütenzucker

1 Ingwer schälen und raspeln.

2 Chilischote waschen, putzen, nach Belieben entkernen und sehr fein hacken.

3 Zitronengrasstängel waschen, putzen und mehrfach zerteilen.

4 Zitrone waschen, schälen und die Schalen in Stücke schneiden.

5 Rindfleisch in 4 x 4 cm große Würfel schneiden.

6 Koriandersamen kurz anrösten und anschließend zermahlen (Stößel).

7 Kokosnussflocken in einen Wok oder eine Pfanne (ohne Fett) geben und bei kleiner Hitze goldbraun werden lassen. Achtung, die Flocken können schnell anbrennen! Anschließend in eine Schüssel füllen.

8 Tomatenmark, Ingwer, Chilischote, Zwiebeln, Knoblauch, Salz, Pfeffer, Cayennepfeffer, 1 EL Kokosnussöl und die gerösteten Kokosnussflocken in eine Schüssel geben und zu einer Paste vermischen.

9 3 EL Kokosnussöl in eine große Pfanne geben, Rindfleischwürfel im heißen Öl von allen Seiten goldbraun braten. Die Würfel herausnehmen, in eine Schüssel geben und beiseitestellen.

10 Während das Fleisch brät, die zerteilten Zitronenschalen in einen hohen Topf geben und in 1 EL Kokosnussöl braten, bis es duftet. Temperatur etwas reduzieren, die Paste hinzufügen und unter ständigem Rühren etwa 10 Minuten mitbraten. Die Mischung mit Kokosnussmilch ablöschen und kurz aufkochen lassen. Die Temperatur auf niedrigste Stufe herunterschalten, Koriandersamen, Kokosnussblütenzucker, Zitronengrasstücke und die gebratenen Fleischwürfel hinzufügen und etwa 3½–4 Stunden ohne Deckel langsam garen, bis das Fleisch schön zart ist. Am Ende sollte die Flüssigkeit gut eingeköchelt sein. Vor dem Servieren die Zitronengrasstücke herausfischen.
Übrigens: Das vorliegende Rezept habe ich von der Schärfe her für empfindliche Gaumen adaptiert.

VARIANTE

Dieses Gericht kann auch mit Lamm, Bison oder Ente (nach SOS-Regeln aber ohne Haut!) zubereitet werden.

Mein Tipp

Beef Rendang ist dann als Original zu betrachten, wenn alle Fleischwürfel mit der Soße umhüllt sind. Die Einheimischen lassen Beef Rendang nach dem Kochen über Nacht zugedeckt stehen, damit alle Aromen noch weiter in das Fleisch ziehen können und sich die Farbe in ein Bitterschokoladenbraun wandelt. Wenn das Fleisch so aussieht, haben Sie ein traditionelles Beef Rendang auf dem Tisch. Vielerorts wird anstelle des Ingwers auch Galgant verwendet.

PAPI GULAPA –
Putenbrustfilet mit Mango-Chili-Potpourri

Ergibt 4 Portionen
Für die Marinade
2 TL frisch gepresster Zitronensaft
1 EL Dijon-Senf | 2 Knoblauchzehen, geschält und gehackt | 2 EL Kokosnussöl

Für das Potpourri
600 g Putenbrustfilet | 1 EL Kokosnussöl
1 Bund Frühlingszwiebeln, fein gehackt
1 rote Chilischote, entkernt und fein geschnitten
250 ml Hühnerbouillon
¼ TL Steinsalz oder nach Belieben

schwarzer Pfeffer aus der Mühle
2 reife Mangos, geschält und in kleine Würfel
geschnitten | Schale von 1 Biozitrone, gerieben
gehackter Schnittlauch zum Garnieren

1 Für die Marinade die Zutaten mischen.

2 Das Putenfleisch in mundgerechte Stücke schneiden und für 2 Stunden in die Marinade legen. Anschließend herausnehmen und in einem Sieb abtropfen lassen.

3 1 EL Kokosnussöl in eine erhitzte Pfanne geben und die abgetropften Putenfleischwürfel darin knusprig anbraten. Zwiebeln und Chilischote dazugeben und anschwitzen.

4 Mit der Hühnerbouillon ablöschen, die Marinade dazugießen, vermengen und mit Salz und Pfeffer abschmecken.

5 Die Temperatur reduzieren. Mangowürfel und geriebene Zitronenschale hinzufügen und gut vermischen. Den Deckel auf die Pfanne geben und 5–8 Minuten ziehen lassen.

6 Vor dem Servieren gehackten Schnittlauch darüberstreuen und nochmals kurz durchmischen.

VARIANTE

Geröstete Cashewkerne zusammen mit den Mangowürfeln in die Pfanne geben.

Mein Tipp

Zusammen mit Asiatischem Blumenkohlreis (siehe Seite 35) ein optimales SOS-Menü, auch für abends, dann aber ohne Cashewkerne zubereiten.

MI CEPAT –
Scharfes Shirataki-Hühnchen

Ergibt 2 Portionen
Für die scharfe Soja-Erdnuss Brühe
1 TL Thai-Curry-Paste (siehe Seite115)
1¼ TL Kokosnussblütenzucker oder Honig
2 TL Erdnussbutter | 1½ EL Sojasoße
180 ml Wasser

Für das Hühnchen
1 Päckchen Shirataki-Nudeln
400 g Hühnerfilet (oder Pute)
2 EL Kokosnussöl | 4 Knoblauchzehen, fein gehackt
60 g Zwiebeln, geschält, halbiert und
in dünne Ringe geschnitten
¼ TL Kala Manak (indisches Schwarzsalz)
1 rote Chilischote, entkernt und fein gehackt
3 cm Ingwerwurzel, geschält und fein geraspelt
60 g gelbe Zucchini, in kleine Würfel geschnitten
60 g Weißkohl, in Quadrate geschnitten
60 g Lauch, in dünne Ringe geschnitten
60 g Möhren, geschält und in dünne Streifen geraspelt

1 Für die scharfe Brühe alle Zutaten gut miteinander verrühren und mit dem Wasser vermischen.

2 Shirataki-Nudeln in ein Sieb geben, mit kaltem Wasser gut abspülen und abtropfen lassen.

3 Das Fleisch in mundgerechte Würfel schneiden.

4 Kokosnussöl in eine erhitzte Pfanne geben, Knoblauch, Zwiebeln und Hühnchen darin scharf anbraten und salzen (Kala Manak).

5 Mit der Soja-Erdnuss-Brühe ablöschen und die Temperatur etwas herunterdrehen.

6 Chilischote und Ingwer hinzufügen und 5 Minuten köcheln lassen.

7 Zuerst Zucchini, dann Weißkohl, danach Lauch und zum Schluss Möhren beimischen.

8 15 Minuten köcheln lassen (die Flüssigkeit sollte eine Soßenkonsistenz haben).

9 Shirataki-Nudeln hinzugeben, umrühren, Temperatur ausschalten und 1 Minute ziehen lassen. Noch heiß servieren.

Hinweis

....

Die Nudeln nach Bedarf mit einer Schere klein schneiden.

VARIANTE

Dieses Gericht kann auch mit Shrimps zubereitet werden. Dazu sollten die Shrimps (ohne Schale) 5 Minuten vor Kochende hinzugefügt werden.

QUI SHUI –
Sushi aus Quinoa

....

Ergibt 20–25 Sushis

130 g Quinoa | 1 TL Himalaya-Salz
300 ml Wasser | 3–4 EL Reisessig (siehe Seite 112)
Sushi-Zutaten und -Zubehör (siehe rechts)

1 Quinoa gut waschen. Mit Salz und Wasser zum Kochen bringen und bei mittlerer Hitze 25 Minuten simmern lassen, bis das Wasser fast vollständig verdunstet ist.

2 Gekochte Quinoa in eine Schüssel geben, mit Reisessig gut vermischen und abkühlen lassen.

3 Über Nacht abgedeckt in den Kühlschrank stellen.

4 Am nächsten Tag wie Sushi (Maki, Nigiri, Sashimi) zubereiten: Je ein Nori-Blatt auf die Matte legen; die glatte Seite zeigt nach unten. Quinoa auf etwa die Hälfte geben. Ein wenig Wasabi verteilen und die gewünschten Zutaten in der Mitte platzieren. Das Ende des Nori-Blatts anfeuchten und mithilfe der Matte rollen. Die fertige Sushi-Rolle mit einem scharfen Messer in Stücke schneiden.

Sushi-Zutaten und -Zubehör

Nori-Blätter (getrocknete Algenblätter), Wasabi, Gari (eingelegter Ingwer, siehe Seite 111), Sojasoße, Sushi-Matte zum Rollen (mit Klarsichtfolie umhüllen, damit die Quinoa nicht an der Matte kleben bleibt), eine kleine Schüssel Wasser (mit etwas Essig versetzt) zum Anfeuchten der Finger, Essstäbchen.

Empfehlungen für die Qui-Shui

Sesam, Surimi (Krebsfleisch), Scampi, Lachs, Gurke, Avocado, roher Thunfisch, Fischrogen etc.

TIPP

Woran erkennt man frischen Fisch?
Er riecht nicht!

Desserts

TEMBIKA PAI –
Geeiste Wassermelonentorte

Ergibt 8–10 Portionen

1 kg Wassermelone (möglichst kernlos)
450 g frische Blaubeeren
120 g Kokosnussblütenzucker
120 ml Wasser | 1 TL Kardamomsamen
5 Nelken
2 Zimtstangen
1 EL frisch gepresster Zitronensaft
frische Beeren zum Garnieren
Minzeblätter zum Garnieren

1 Fruchtfleisch der Melone in kleine Würfel schneiden. Die Kerne entfernen. Blaubeeren waschen und abtropfen lassen.

2 Kokosnussblütenzucker und Wasser in einem Topf zum Kochen bringen und so lange rühren, bis sich die Zuckerkristalle aufgelöst haben.

3 Kardamom, Nelken und Zimtstangen hinzugeben und 10–12 Minuten köcheln lassen. Danach beiseitestellen.

4 Wassermelonenwürfel und Blaubeeren zu einem Püree mixen und in eine große Schüssel füllen.

5 Wasser-Zucker-Gewürz-Mischung durch ein Sieb passieren, zu dem Püree geben, Zitronensaft hinzufügen und gut verrühren.

6 Die Mischung in eine Kuchenbodenform (oder Pizzaform) gießen und für mindestens 8 Stunden abgedeckt in die Gefriertruhe stellen.

7 Kurz antauen lassen. Zum Servieren auf eine Kuchenplatte stürzen und in 8 gleich große Stücke schneiden. Mit frischen Beeren und Minze garnieren.

VARIANTE

Statt Blaubeeren können Sie auch Himbeeren, Kiwis, Stachelbeeren, Johannisbeeren, Erdbeeren, Äpfel, Bananen, Pfirsiche, entsteinte Kirschen, Holunder, Orangen, Nektarinen, Clementinen, Ananas oder Mango verwenden.

QWAMPEL KRIM –
Himbeer-Coco-Creme-Parfait

Ergibt 4–6 Portionen
250 ml frische Kokosnussmilch
80–90 g Kokosnussblütenzucker (nach Geschmack)
350 g TK-Himbeeren | Minzeblätter zum Garnieren
frische Himbeeren zum Garnieren

1 Die Hälfte der Kokosnussmilch und den Kokosnussblütenzucker in einen Mixer gießen und kräftig durchmixen.

2 Die Hälfte der TK-Himbeeren in den Mixer füllen und kurz anmixen (mittlere Stufe).

3 Restliche Milch und Himbeeren hinzufügen, alles kräftig durchmixen.

4 Masse in eine Kastenform füllen, abdecken und für 30 Minuten in den Gefrierschrank stellen.

5 Kastenform 30–40 Sekunden in heißes Wasser stellen, die Eismasse aus der Form stürzen und in dicke Scheiben schneiden. Mit Minzeblättchen und frischen Himbeeren garniert servieren.

Mein Tipp

Sie können die Himbeermasse auch in eine Eismaschine geben. Für Kinder die Masse in Eisförmchen füllen und in die Tiefkühltruhe geben.

PIKAN PAUS –
Kokos-Ananas-Walnuss-Pudding

Ergibt 2 Portionen
150 ml frische Kokosnussmilch
2 EL Chia-Samen
120 g frische Ananas | 40 g Walnüsse
2 EL Kokosnussblütenzucker oder Honig
½ TL Ingwerpulver | 1 TL frisch gepresster Zitronensaft
1 EL Rum (nur für Erwachsene)

1 Kokosnussmilch und Chia-Samen gut miteinander verrühren, bis alle Samen in der Milch eingetauch sind, und abgedeckt für mindestens 1 Stunde in den Kühlschrank stellen (oder über Nacht).

2 Ananas in mundgerechte Stücke zerteilen.

3 Walnüsse klein hacken.

4 Kokosnussblütenzucker in einer Pfanne bei schwacher Hitze leicht karamellisieren.

5 Ananas und Walnüsse dazugeben und umrühren.

6 Mit Ingwerpulver bestreuen und mit Zitronensaft ablöschen.

7 Rum hinzugeben, umrühren, 2 Minuten köcheln lassen und beiseitestellen.

8 Kokosnuss-Chia-Samen in Dessertgläschen füllen (etwa halbvoll), mit der Ananas-Walnuss-Mischung auffüllen und servieren.

GODAAN MANIS –
Coco-Erdbeer-Chia-Crêpes

....

Ergibt 4–6 Crêpes
Für die Crêpes
40 g Kokosnussmehl
2 TL Johannisbrotkernmehl
200 ml Kokosnussmilch
(ersatzweise Mandel- oder Hafermilch)
3 EL gemahlene Chia-Samen
1 Prise Himalaya-Salz | 1 EL Kokosnussblütenzucker
200 ml Wasser | 3 EL Kokosnussöl

Für die Coco-Erdbeer-Füllung
250 g frische Erdbeeren
70 g Kokosnussblütenzucker | 1 EL Wasser
frisch gepresster Saft von 2 Orangen und ½ Zitrone
1 TL Zimt | ½ TL gemahlener Kardamom
3 EL Eierlikör oder 1 EL Batida de Coco oder 2 EL
Baileys nach Belieben (nur für Erwachsene)
Minzeblätter zum Garnieren

1 Alle Crêpe-Zutaten bis auf das Öl miteinander verquirlen und 15 Minuten abgedeckt stehen lassen.

2 Kokosnussöl in eine heiße Pfanne geben. 1 Schöpflöffel Teig hinzufügen und leicht schwenken, sodass sich die Masse verteilt.

3 Von beiden Seiten goldbraun braten und warm stellen.

4 Für die Füllung Erdbeeren gut waschen, putzen und vierteln.

5 Kokosnussblütenzucker mit 1 EL Wasser in einer Pfanne leicht karamellisieren.

6 Mit Orangen- und Zitronensaft ablöschen, Zimt und Kardamom dazugeben und bis etwa zur Hälfte einköcheln lassen.

7 Alkohol und Erdbeeren hinzufügen, umrühren und 2 Minuten bei reduzierter Hitze weiterköcheln lassen. Anschließend die Pfanne beiseitestellen.

8 Crêpes mit den Erdbeeren belegen und etwas Flüssigkeit aus der Pfanne darübergeben. Mit Minzeblättern garnieren und gleich servieren.

BERMIMPI –
Mango-Erdbeer-Dessert mit Minze-Kokosnussblütenzucker

··

Ergibt etwa 3 Portionen

3 EL Kokosnussblütenzucker
10 frische Minzeblätter plus
3 weitere für die Dekoration | 1 reife Mango
350 g Erdbeeren | 3 EL aufgequollene Chia-Samen
etwas Schafsjoghurt zum Garnieren

1 Kokosnussblütenzucker und Minzeblätter in einem Mörser fein mahlen.

2 Das Fruchtfleisch der Mango in mundgerechte Stücke schneiden. Die Erdbeeren vierteln.

3 Das Obst zusammen mit dem Minze-Zucker in eine Schüssel geben. Vorsichtig mischen und 15 Minuten abgedeckt beiseitestellen.

4 Auf drei Dessertschalen aufteilen, jeweils 1 EL Chia-Samen darübergeben und mit einem Klecks Schafsjoghurt und einem Minzeblatt garnieren.

TIPP

Wenn Sie keinen Mörser oder Cocktail-Stößel haben, Minzeblätter zerhacken, zusammen mit dem Zucker auf eine harte, glatte Arbeitsfläche legen und mit einem Nudelholz walzen.

DIKACAU ADUK –
Erdbeer-Vanille-Meringe-Verführung

··

Ergibt 6–8 Portionen

500 g Erdbeeren
2 EL Kokosnussblütenzucker
400 ml Vanilleeis
60 g Meringe (Baiserschalen oder -plätzchen, siehe Seite 110)
2 EL Kirschschnaps oder Erdbeerbrand
(nur für Erwachsene)

1 Erdbeeren je nach Größe halbieren oder vierteln und zusammen mit dem Kokosnussblütenzucker 15–20 Minuten in eine Schüssel geben, sodass Saft entstehen kann.

2 Vanilleeis leicht antauen lassen und in eine große Schüssel geben.

3 Meringe über dem Eis zerbröseln, Erdbeeren und Saft darübergeben, alles mischen und in Dessertschalen kalt servieren. Nach Belieben ein paar Spritzer Schnaps darüberträufeln.

Katharinas Fudgy-Amaranth-Brownies

··

Ergibt 1 Kuchenblech

150 ml Kokosnussöl oder 150 g Kakaobutter plus etwas zum Einfetten
9 Eier | 4 EL Kokosnussmehl
7 EL ungesüßtes Kakaopulver (80% Kakaoanteil)

120 ml Mandelmilch
320 g Kokosnussblütenzucker
plus etwas zum Bestreuen
Mark von 1 Vanilleschote oder 1½ TL Vanilleextrakt
¼ TL Himalaya-Salz | 1 TL Zimt
½ TL Weinstein
5 EL gepuffter Amaranth
1 Tafel Bitterschokolade (80% Kakaoanteil)

Hinweis

....

Alle Zutaten müssen Raumtemperatur haben!

1 Backofen auf 180 Grad (Umluft 150 Grad) vorheizen.

2 Backblech mit Kokosnussöl einpinseln und danach mit Backpapier auslegen.

3 Die Eier trennen.

4 Kokosnussöl in einen Topf geben und auf maximal 32 Grad erwärmen.

5 Kakaopulver mit einem Schneebesen in das Kokosnussöl einrühren. Den Topf beiseitestellen und abkühlen lassen.

6 Nacheinander je ein Eigelb mit einem Schneebesen in die Öl-Kakao-Masse schlagen.

7 Mandelmilch in einem zweiten Topf leicht erwärmen. Kokosnussblütenzucker, ausgekratzte Vanille, Salz und Zimt hineinrühren, bis sich die

Kristalle vollständig aufgelöst haben. Anschließend den Topf beiseitestellen.

8 Mehl, Weinstein und Amaranth miteinander vermischen und vorsichtig in die Mandelmilch einrühren.

9 Öl-Kakao-Ei-Mischung hinzugeben und so lange verquirlen, bis die Masse eine cremige Konsistenz hat.

10 Eiweiße mit einer Prise Himalaya-Salz steif schlagen und behutsam unter die Masse heben.

11 Teig auf einem tiefen Backblech gleichmäßig verteilen und die obere Schicht mit einem Küchenspatel glätten.

12 Backblech in den vorgeheizten Backofen schieben und 28–30 Minuten backen. Brownies sollten nach dem Backen innen noch leicht feucht sein, dann haben sie den richtigen »Fudgy-Touch«.

13 Auf dem Backblech auskühlen lassen.

14 Bitterschokolade im Wasserbad schmelzen, mit einem Küchenpinsel die Brownies damit bestreichen und sofort mit etwas Kokosnussblütenzucker bestreuen.

TIPP

Im Kühlschrank in einem verschließbaren Glasbehälter 4–5 Tage haltbar.

VARIANTEN

Brownies können auch mit Kokosnusskonfitüre bestrichen werden.

Oder abgeriebene Orangenschale (1 TL) mit in den Teig geben.

Für Erwachsene 2 EL Rum (Schritt 9) hinzufügen.

Zum Servieren Eierlikör (siehe Seite 116) auf einem Kuchenteller verteilen und Brownies darauflegen.

DELIMA SOS –
Granatapfel-Erdbeer-Soße

Ergibt etwa 200 ml
Für den Granatapfelsirup
3 Granatäpfel | 40 g Kokosnussblütenzucker
Saft von ½ Zitrone

Für die Granatapfel-Erdbeer-Soße
500 g Erdbeeren, klein gehackt
4 EL Kokosnussblütenzucker
3 EL Granatapfelsirup
1 TL Biozitronenschale

1　Für den Sirup Granatäpfel halbieren und mit einem Teelöffel die Kerne über einer Schüssel vorsichtig herauskratzen.

2　Kerne mit einem Stabmixer fein pürieren und durch ein Sieb passieren. Den Saft zusammen mit Kokosnussblütenzucker und Zitronensaft in einer Kasserolle zu Sirup einköcheln.

3　Für die Granatapfel-Erdbeer-Soße Erdbeeren, Kokosnussblütenzucker, Granatapfelsirup und

Zitronenschale in einem Mixer 40–45 Sekunden zu einer glatten Masse mixen.

4　Bis zum Verzehr in verschließbare Glasbehälter füllen und im Kühlschrank aufbewahren.

Hinweis

Die Soße ist im Kühlschrank bis zu 5 Tage haltbar.

COCO LI –
Kokosnuss-Chips

1 reife Kokosnuss
80 g Kokosnussblütenzucker
300 ml Wasser

1　Backofen auf 70 Grad vorheizen. Bitte keine höhere Temperatur wählen, da die Chips außen sonst zu braun werden und innen feucht bleiben.

2　Eines der drei Augen der Kokosnuss mit einem sauberen Schraubenzieher durchstechen (vorher prüfen, welches weich ist).

3　Kokosnusswasser herauslaufen lassen und in einem Behälter auffangen. Als frisches Getränk oder für andere Rezepte innerhalb von maximal 3 Tage verwenden.

4 Kokosnuss öffnen und das Fruchtfleisch mit einem Messer von der holzigen Schale lösen.

5 Mit einem Kartoffelschäler die braune Haut vom Kokosnussfleisch entfernen und die Fleischstücke in dünne Scheiben abschälen.

6 Kokosscheiben auf einem Backblech verteilen und bei etwa 70 Grad im Backofen trocknen lassen.

7 Während des Trockenvorgangs (60–90 Minuten) die Chips immer wieder vermischen und die Feuchtigkeit aus dem Backofen entweichen lassen.

8 In der Zwischenzeit Kokosnussblütenzucker und Wasser in einem Topf aufkochen und so lange einköcheln lassen, bis eine sirupartige Flüssigkeit entsteht.

9 Die getrockneten Kokosnuss-Chips in den Sirup geben. Gut vermischen, bis der Sirup vollständig aufgebraucht ist und alle Chips damit umhüllt sind.

10 Die Chips wieder auf einem Backblech ausbreiten und an der Luft trocknen lassen.

Mein Tipp

Wer es scharf mag: ¼ TL edelsüßes Paprikapulver (oder Cayennepfeffer) und ¼ TL Steinsalz mischen, über die Kokosnussfleischscheiben streuen und dann in den Backofen schieben.

SWEET BOLA –
Mandelbutter-Poppi-Kugeln

Ergibt etwa 14 Stück

60 g Mandelbutter (ersatzweise Erdnussbutter)
120 g gepuffter Amaranth oder Quinoa
60 g Kokosnusszuckersirup
60 g Mandeln oder Rosinen, klein gehackt

1 Mandelbutter in einer Kasserolle auf niedriger Temperatur flüssig werden lassen. Anschließend in eine Metallschüssel gießen. Gepufften Amaranth, Sirup, Mandeln dazugeben und mit den Händen gut vermengen.

2 Aus jeweils 1 EL Teig mit beiden Händen 1 Kugel formen, bis die Masse aufgebraucht ist.

3 Mandel-Butter-Kugeln in einen verschließbaren Behälter legen und bis zum Verzehr im Kühlschrank aufbewahren. Achtung, Suchtgefahr!

Hinweis

Ist die Masse zu klebrig, weiteren gepufften Amaranth hinzufügen.

Mein Tipp

Mit selbst gemachtem Eierlikör (siehe Seite 116) beträufeln – ein Genuss!

MINYAK KELAPA –
Honigweinwaffeln aus Teff

Ergibt 4 Portionen

1 EL Backpulver | 300 g Teffmehl
1 gute Prise Steinsalz | 4 Eier
3 EL Kokosnussblütenzucker
Mark von 1 Vanilleschote
180 g Honigwein (Met; ersatzweise naturtrüber
Apfelsaft)
3 EL kalt gepresstes Kokosnussöl

1 Das Waffeleisen vorheizen.

2 Backpulver, Teffmehl und Steinsalz vermischen.

3 Die Eier in einer Schüssel gut verquirlen.

4 Kokosnussblütenzucker, Vanillemark und Honigwein dazugeben und unterrühren.

5 Backpulver-Teff-Mischung vorsichtig unterheben und mit einem Handmixer gut durchmixen.

6 Waffeleisen mit Kokosnussöl leicht einfetten.

7 Teig portionsweise in das Waffeleisen geben, zuklappen und goldbraun backen. Sobald kein Dampf mehr aufsteigt, prüfen, ob die Waffeln durchgebacken sind.

TEH LAZAT –
Matcha-Coco-Passionsfrucht-Biskuitrolle

Ergibt 1 Rolle
Für die Füllung
3 Passionsfrüchte | 60 g Kokosnussblütenzucker
200 ml Kokosnussmilch | 80 ml Hafer-Cuisine
3 EL Kokosnussöl | 1½ EL Chia-Samen
2 EL Kokosnussraspeln

Für die Biskuitrolle
4 Eier | 1 Prise Steinsalz
100 g Kokosnussblütenzucker plus
etwas mehr zum Bestreuen
2½ EL Kokosnussmehl
3 TL Matcha-Teepulver
2–4 EL Wasser nach Bedarf

1 Für die Füllung Passionsfrüchte halbieren und das Fruchtfleisch mit einem Esslöffel herauskratzen.

2 Kokosnussblütenzucker in einem Topf bei schwacher Hitze (ohne Zugabe von Wasser) flüssig werden lassen. Kokosnussmilch sofort dazugießen und 5 Minuten einköcheln lassen. Sorgfältig rühren, damit nichts anbrennt.

3 Topf von der Herdplatte nehmen und etwas abkühlen lassen.

4 Alle Zutaten bis auf die Kokosnussraspeln in einen Mixer geben und gut durchmixen. Masse in eine Porzellanschale gießen und Kokosnussraspeln unterrühren.

5 Abgedeckt für mindestens 3 Stunden in den Kühlschrank stellen.

6 Für die Biskuitrolle Backofen auf 190 Grad vorheizen. Backblech mit Backpapier auslegen.

7 Die Eier trennen.

8 Eiweiß und Steinsalz mit einem Handrührgerät steif schlagen. Kokosnussblütenzucker dazugeben und weitermixen. Die Eigelbe dazugeben und gut rühren.

9 Kokosnussmehl und Matcha-Teepulver auf die Masse sieben und vorsichtig unterheben. Der Teig sollte vom Schneebesen tropfen. Ist er zu fest, esslöffelweise Wasser dazugeben.

10 Biskuitteig auf dem vorbereiteten Backblech gleichmäßig verteilen und die Oberfläche glätten. Für 10–12 Minuten in den Ofen geben. Der Teig sollte bei leichtem Druck mit dem Finger kurz zurückfedern.

11 Anschließend den Biskuit mitsamt dem Backpapier am Rand des Blechs mit einem Messer vorsichtig lösen. Küchentuch anfeuchten, auf einer Arbeitsfläche ausbreiten und mit reichlich Kokosnussblütenzucker bestreuen. Backblech mit dem am Rand gelösten Biskuit vorsichtig auf das Küchentuch stürzen. Backpapier langsam abziehen. Wenn es am Biskuit haftet, mit etwas Wasser einpinseln und dann abziehen.

12 Das Küchentuch mit dem Biskuit langsam einrollen. Den Biskuit auskühlen lassen.

13 Danach das Küchentuch behutsam wieder ausrollen. Die Füllung gleichmäßig auf dem Biskuit verteilen. Dabei das Ende der Rolle aussparen.

14 Mithilfe des Küchentuchs erneut einrollen. Kurz ruhen lassen. Dann auf eine Platte geben und nach Wunsch dekorieren.

Mein Tipp

Die Passionsfruchtfüllung eignet sich hervorragend, um daraus Eiscreme herzustellen. Einfach in eine Eismaschine geben.

VARIANTE

Coco-Himbeersahne-Minze-Füllung

300 ml Kokosnussmilch | 10 g Kokosnussmehl
4 EL Kokosnussblütenzucker
60 ml Hafer-Cuisine | 4 EL Kokosnussöl
250 g Himbeeren, nach Bedarf
etwas mehr zum Garnieren
10 Minzeblätter, nach Bedarf etwas mehr
zum Garnieren | 1½ EL Chia-Samen
50 g Kokosnussraspeln (möglichst frisch)

1 Kokosnussmilch, -mehl und 1 EL Kokosnussblü-tenzucker sanft aufkochen, bis die Kristalle sich auflösen. Abkühlen lassen und für mindestens 2 Stunden in den Kühlschrank stellen.

2 Anschließend Hafer-Cuisine und Kokosnussöl hinzufügen und alles mit einem Pürierstab oder Handmixer zu einer dicklichen Masse schlagen. Beim Mixen immer wieder Luft in die Masse ziehen, dadurch entsteht eine schöne Cremigkeit.

3 Restlichen Zucker, Himbeeren, Minzeblätter, Chia-Samen und Kokosnussraspeln in der Küchen-maschine gut durchmixen. Unter die Kokosnuss-Sahne-Mischung heben und mindestens 2 weitere Stunden in den Kühlschrank stellen.

4 Die Biskuitplatte mit der Himbeer-Minze-Sah-ne-Masse bestreichen und wieder zusammenrollen.

5 Mit Kokosnussraspeln bestreuen und im Ab-stand von 3 cm jeweils eine Himbeere zusammen mit einem kleinen Minzeblatt setzen.

KOPI KEK –
Walnuss-Kokos-Teegebäck

....

Ergibt 8–10 Stück

Walnussreste vom Walnuss-Coffee-Creamer-Rezept
(siehe Seite 101)
1 Ei | 20 g Kokosnussmehl
¼ TL Zimt | 1–2 TL Kokosnussblütenzucker
1½ TL Weinstein
8 g Kürbiskerne, gehackt und leicht geröstet
50 ml Hafer- oder Mandelmilch
1 Prise Himalaya-Salz
8–10 halbe Walnusskerne zum Garnieren

1 Backofen auf 160 Grad vorheizen. Backpapier auf ein Backblech legen.

2 Alle Zutaten bis auf die Walnüsse zum Garnieren gut miteinander verrühren.

3 Teig esslöffelweise auf das Backpapier geben, etwas andrücken und mit einer halben Walnuss dekorieren.

4 Das Backblech für 30 Minuten in den Backofen schieben.

5 Die fertig gebackenen Kekse auf dem Backpa-pier auskühlen lassen. Frisch genießen oder in einer Metalldose aufbewahren.

Kaffeegenuss

Walnuss-Coffee-Creamer

Ergibt etwa 120 ml

70 g Walnusskerne

200 ml stilles Wasser

etwas Kokosnussblütenzucker oder Honig nach Bedarf

Die Zutaten in der Küchenmaschine kräftig mixen und anschließend durch ein Teesieb filtern. Nach Geschmack leicht süßen und in eine verschließbare Flasche füllen. Im Kühlschrank bis zu 2 Wochen aufbewahren. Vor Gebrauch gut schütteln.

Mein Tipp

Die im Filter verbliebenen Walnussreste können für das Walnuss-Kokos-Teegebäck verwendet werden (siehe Seite 100).

Hafer-Coffee-Creamer

Ergibt 200–250 ml

400 ml stilles Wasser | 1 Prise Steinsalz

100 g kernige Haferflocken

(möglichst frisch hergestellt) | 1 EL Kokosnussöl

1 Zunächst 100 ml Wasser abmessen und zusammen mit der Prise Steinsalz in den Mixer füllen. Anschließend die Haferflocken dazugeben und kurz kräftig anmixen.

2 Etwa 5 Minuten ruhen lassen, damit die Haferflocken aufquellen können.

3 Weitere 200 ml Wasser dazugeben und erneut auf Höchststufe mixen. Danach die Mixgeschwindigkeit etwas reduzieren und die restlichen 100 ml Wasser hinzufügen.

4 Langsam das Öl hineinlaufen lassen und 3 Minuten auf Höchststufe durchmixen.

5 Die Masse durch ein Sieb gießen. Den Coffee-Creamer in einer Schale auffangen und 2 Stunden abgedeckt ruhen lassen. Bitte nicht in den Kühlschrank stellen! Anschließend die Flüssigkeit, die sich oben abgesetzt hat, vorsichtig abgießen.

6 Den verbliebenen dickflüssigen Coffee-Creamer in einen verschließbaren Glasbehälter (Flasche) füllen und bis zum Vorzehr im Kühlschrank bis zu 2 Wochen aufbewahren. Vor Gebrauch gut schütteln.

VARIANTE

Für einen gesüßten Hafer-Coffee-Creamer können Sie Zimt und/oder Kokosnussblütenzucker beim dritten Arbeitsschritt hinzugeben. Lecker auch zum Verfeinern von Soßen, Desserts und über Eis.

Süß und kalt

MOCHI –
Eiscremebällchen,
der absolute Hit in Asien

....

Ergibt etwa 8–12 Stück

Matcha-Eiscreme (siehe SOS-Basisbuch, Seite 261)
oder Eiscreme Ihrer Wahl
100 Shiratamako oder 115 g Mochiko (Klebereismehl)
60 g Kokosnussblütenzucker | 180 ml Wasser
100 g Tapiokastärke (ersatzweise Speisestärke)

1 In ein Muffinblech 8–12 Cupcake-Förmchen setzen.

2 Mit einem Eiscreme-Portionierer 1 kleine Kugel Matcha- oder Lieblingseis entnehmen und in ein Förmchen füllen. Mit den übrigen Förmchen ebenso verfahren.

3 Das Muffinblech gut abgedeckt in die Gefriertruhe stellen.

4 Nun die Mochi-Masse zubereiten: Shiratamako und Kokosnussblütenzucker in einer Glasschüssel mit einem Schneebesen gut mischen.

5 Langsam das Wasser mit einem Schneebesen hinzurühren und schlagen, bis eine homogene Masse entstanden ist.

6 Glasschüssel in einen Dampfgarer stellen, den Deckel mit einem Küchentuch umhüllen und den Topf damit verschließen. Achtung, das Küchentuch darf die Masse nicht berühren.

7 Nach 7–8 Minuten die Mochi-Masse mit einem Küchenspatel von der Schüsselwand in die Mitte schieben und ganz kurz durchmischen. Wieder zudecken und weitergaren. Die Masse sollte insgesamt 15 Minuten im Dampfgarer verbleiben. Sie kann weiterverarbeitet werden, wenn sich die Farbe von Weiß zu fast durchsichtig verändert hat.

8 Backpapier auf einer Arbeitsfläche ausbreiten und großzügig mit Tapiokastärke bestreuen.

9 Fertige Mochi-Masse daraufgeben (möglichst ans obere Ende, damit sie besser ausgerollt werden kann), großzügig weitere Stärke auf die Masse sieben und, sobald sie etwas abgekühlt ist, mit einem Nudelholz zu einer dünnen Schicht ausrollen. Wenn die Masse am Nudelholz kleben bleibt, noch mehr Stärke auf das Nudelholz und die Masse geben.

10 Backpapier mit der ausgerollten Mochi-Masse vorsichtig auf ein Backblech legen. Alles noch einmal reichlich mit Tapiokastärke bestreuen und das Blech für 15 Minuten in die Gefriertruhe geben.

11 Anschließend die Mochi-Masse mit einer runden Ausstechform (etwa 10 cm Durchmesser) ausstechen. Die Reste können wieder zu einer Kugel geformt, ausgerollt und ausgestochen werden.

12 Die ausgestochenen Mochi-Formen vorsichtig vom Backpapier abheben. Mit einem Backpinsel die Stärke von beiden Seiten abpinseln.

13 Über eine flache Schale (etwas größer als die Mochi-Form) Frischhaltefolie spannen und ein Stück Butterbrotpapier darauflegen. Das Stück sollte etwas größer als das Mochi sein.

14 Auf das Butterbrotpapier ein Mochi legen und auf das Mochi ein Stück Butterbrotpapier. Die restlichen Mochis ebenso schichten. Obenauf sollte ein Stück Backpapier liegen.

15 Anschließend die Schale mit den geschichteten Mochis komplett in Frischhaltefolie einwickeln und gut 30 Minuten in die Gefriertruhe (Gefrierfach) stellen.

16 Die gefrorenen Eiskugeln und die Mochis aus der Tiefkühltruhe entnehmen. Jedes Mochi separat auspacken, eine Kugel Eis in die Mitte setzen mit der Mochi-Masse rundherum verschließen.

17 Die Mochi-Eis-Kugeln wieder in Butterbrotpapier einwickeln, zurück in die Cupcake-Förmchen geben, gut abdecken und 8–12 Stunden in den Gefrierschrank geben. Vor dem Verzehr ein klein wenig antauen lassen.

BADAM KRIM –
Pistazien-Mandel-Eiscreme

....

Ergibt 2 Portionen
150 ml Mandelmilch
3 EL Kokosnussblütenzucker | 4 EL Pistazien (geschält)
1 Vanilleschote

1   Milch in einen Topf geben und erhitzen.

2   Zucker dazugeben und rühren, bis sich der Zucker aufgelöst hat. Topf vom Herd nehmen und abkühlen lassen.

3   Anschließend in Eiswürfelförmchen füllen und gut 2 Stunden in den Gefrierschrank geben.

4   Pistazien in einem Mixer fein zerkleinern.

5   Vanilleschote aufschneiden, mit einem Messer das Mark herauskratzen und in den Mixer geben.

6   Die Milcheiswürfel dazugeben und alles kräftig mixen, bis das Eis eine cremige Konsistenz hat. Sofort servieren.

VARIANTE

Mit Mandelsplittern und frischen Blaubeeren garnieren.

NANA KRIM –
Ananas-Softeis-Creme

....

Ergibt 4–6 Portionen

1 reife Ananas | 100 ml Wasser

180 g Kokosnussblütenzucker (ersatzweise 4 EL Honig)

120 ml Kokosnuss- oder Mandelmilch

1 Ananas schälen und das Fruchtfleisch in kleine Würfel (2 x 2 cm) schneiden. Sie sollten 1–1½ kg ergeben. Die Würfel für mindestens 24 Stunden einfrieren.

2 Wasser und Kokosnussblütenzucker in eine Kasserolle geben, aufkochen und die Hitze etwas reduzieren. So lange köcheln lassen, bis eine sirupartige Konsistenz entstanden ist. Dabei gut umrühren, dabei nichts anbrennt. Beiseitestellen.

3 Gefrorene Ananaswürfel und zunächst 80 ml Kokosnussmilch in einem Mixer kräftig mixen.

4 Mixgeschwindigkeit etwas reduzieren und esslöffelweise weitere Milch hinzufügen, bis die Konsistenz glatt und cremig ist.

5 Langsam zwei Drittel des süßen Sirups einfließen lassen, durchmixen, Mixer ausschalten und probieren. Je nach Geschmack weiteren Sirup hinzufügen und nochmals mixen. Mit einem Stück frischer Ananas garniert servieren.

TIPP

Eismasse in einen Spritzbeutel füllen und wie Softeis in Dessertschalen spritzen.

Für die schnelle Küche

Pomme-dé-lie

....

Süßkartoffeln waschen und schälen. In Pommes-Form schneiden und in Kokosnussöl in der Fritteuse oder Pfanne frittieren. Erst danach salzen.

TIPP

Wenn das Püree zu flüssig ist, esslöffelweise Kokosnussmehl hinzufügen.

Sahniges Süßkartoffelpüree

....

500 g Kartoffeln schälen und in Salzwasser gar kochen. Die Kartoffeln in eine Metallschüssel geben, 1 EL Kokosnussöl, ½ TL Kurkuma, ½ TL gemahlenen Koriander, ½ TL Zimt, ¼ TL Chilipulver, ¼ TL Himalaya-Salz und 50 g Ziegenbutter dazugeben und mit dem Kartoffelstampfer ein Püree herstellen.

Süßkartoffel-Chips

Süßkartoffeln waschen, schälen und 15 Minuten in Salzwasser kochen. Danach abgießen, in sehr dünne Scheiben schneiden und in Kokosnussöl frittieren. Anschließend salzen, auf ein Backblech legen und für weitere 10 Minuten in einen auf 180 Grad vorgeheizten Backofen geben.

Rahmgemüse – nach SOS-Art

1 große Süßkartoffel zusammen mit Gemüse Ihrer Wahl kochen. Die Süßkartoffel herausnehmen und das Gemüsewasser in eine Schüssel gießen. Süßkartoffel und Gemüsewasser in einem Mixer kräftig mixen und wieder über das Gemüse gießen.

Drinks, Smoothies und Co.

Kick-me-up-Drink

250 ml frisches Kokosnusswasser mit 3 EL aufgequollenen Chia-Samen verrühren – fertig!

TIPP

Allen Drinks und Smoothies können aufgequollene Chia-Samen hinzugefügt werden.

ENZIM TENTRA –
Power-Stoffwechsel-Smoothie

Ergibt 2 Portionen

400 g Papayafleisch, gewürfelt | 200 g frische Ananas, gewürfelt | 1 Banane, in Scheiben geschnitten
½ Mango, gewürfelt | 1 Orange (oder 2 Mandarinen), in Spalten zerteilt | ½ TL gemahlene Papayakerne
stilles Wasser nach Bedarf
4 EL aufgequollene Chia-Samen
einige Minzeblätter zum Garnieren

1 Alle Obststücke und das Papayakernpulver in einem Mixer kräftig pürieren. Nach Bedarf etwas stilles Wasser hinzufügen.

2 Smoothie in zwei hohe Gläser füllen, je 2 EL Chia-Samen einrühren und mit Minzeblättern garniert servieren.

RACUN JAUH –
Katharinas Detox-Smoothie

Ergibt 2 Portionen

2 EL aufgequollene Chia-Samen
300 g Wassermelone (Fruchtfleisch)
250 ml frisches Kokosnusswasser
200 g frische Ananas (mit Strunk)
100 g frischer junger Spinat | 100 g Blaubeeren
¼ TL gemahlene Papayakerne
1 TL Avocadokernpulver | 1 EL Mandelmus
1 TL Kokosnussblütenzucker oder nach Geschmack
2 TL Matcha-Teepulver

1   Aufgequollene Chia-Samen in ein hohes Glas geben.

2   Das Obst in Stücke schneiden. Zusammen mit den anderen Zutaten in einen Mixer geben und kräftig zu einem Smoothie mixen.

3   Smoothie in das Glas füllen und umrühren.

Mein Tipp

Avocadokernpulver lässt sich ganz einfach selbst herstellen. Dafür einen Avocadokern an der Luft etwa 1–2 Tage trocknen lassen. Dann mit einer Gemüseraspel fein raspeln und das Pulver in einen verschließbaren Glasbehälter füllen.

MANGA RUMPUT –
Grüner Ananas-Mango-Smoothie

Ergibt 2 Portionen

250 ml Mandelmilch (ersatzweise Haselnussmilch)
½ gefrorene Banane | 200 g Mango, gewürfelt
100 g Ananas, gewürfelt | 350 g frische Spinatblätter
(ersatzweise Rucola oder Grünkohl)
plus etwas zum Garnieren | 120 g Eiswürfel

Alle Zutaten in einem Mixer kräftig mixen. Ist der Smoothie zu dick, Wasser hinzufügen. In ein hohes Glas gießen und mit einem Spinatblatt garnieren.

TIDAK TOKSI –
Zitronen-Matcha-Ingwer-Limonade

Ergibt etwa 1 Liter

200 g Kokosnussblütenzucker | 700 ml heißes Wasser
200 ml frisch gepresster Zitronensaft
2 EL Matcha-Teepulver | 1 EL geriebener Ingwer
1 Prise Himalaya-Salz | 1 Biozitrone zum Garnieren

1   Kokosnussblütenzucker und heißes Wasser in einer großen Schüssel so lange miteinander verrühren, bis sich die Kristalle vollständig aufgelöst haben.

2   Zitronensaft, Matcha-Teepulver, Ingwer und Salz hinzufügen und verrühren. 5 Minuten ziehen lassen.

3   Zitrone mit der Schale in Scheiben schneiden und in die Limonade geben. Vor dem Servieren nochmals gut umrühren.

BINTANG CANTIK –
Trauben-Matcha-Apfel-Himbeer-Spinat-Smoothie

....

Ergibt 2 Portionen

1 süßer Apfel, entkernt und geviertelt
200 g Himbeeren (TK) | 250 g grüne Trauben
350 g frische Spinatblätter
1 EL aufgequollene Chia-Samen
½ TL Matcha-Tee | 1 TL Avocadokernpulver
stilles Wasser nach Belieben

Alles in einen Mixer geben und gut mixen. Falls der Smoothie zu dickflüssig ist, etwas stilles Wasser hinzufügen.

VARIANTE

Anstelle der Himbeeren können Sie auch 1 gefrorene Banane verwenden. Vor dem Mixen in Stücke schneiden.

JUMPING LOMAT –
Gemüse-Entgiftungsdrink

....

Ergibt 2 Portionen

3 Karotten
2 Stangen Sellerie
2 mittelgroße Rote Bete
1 mittelgroßer Kohlrabi
½ Bund frischer Spinat
½ Kohlkopf
½ Bund Petersilie
½ Zwiebel
2 Knoblauchzehen
1 kleine Ingwerwurzel
1 TL Avocadokernpulver
¼ TL gemahlene Papayakerne
100 ml stilles Wasser

Alle Zutaten in einem Mixer kräftig pürieren und frisch genießen.

Coole Drinks

Mango-Coco-Drink

....

Ergibt etwa 250 ml

1 reife Mango | 150 ml frische Kokosnussmilch
100 ml stilles Wasser | 2 EL aufgequollene
Chia-Samen | Eiswürfel

1 Mangofleisch in kleine Würfel schneiden und auf zwei Hälften aufteilen.

2 Eine Hälfte zusammen mit Kokosnussmilch und Wasser in den Mixer geben und kräftig mixen.

3 Die zweite Hälfte zusammen mit den Chia-Samen in ein großes hohes Glas geben, mit der

Mango-Kokos-Milch zu zwei Dritteln auffüllen, umrühren und Eiswürfel hinzugeben.

4 Servieren Sie den Drink mit einem langen Tee- oder Eislöffel.

SUSU PISANG PANAS –
Mandel-Zimt-Bananen-Drink

....

Ergibt etwa 2 Portionen
500 ml Mandelmilch
3 EL Kokosnussblütenzucker
½ TL Johannisbrotkernmehl
¼ TL Zimt | 2 reife Bananen

1 Mandelmilch, Kokosnussblütenzucker, Johannisbrotkernmehl und Zimt für 5 Minuten köcheln lassen.

2 Bananen zerdrücken.

3 Alles zusammen in einen Mixer geben und kräftig mixen.

SUS SAFFRON –
Mandel-Nelken-Safran-Drink

....

Ergibt etwa 2 Portionen
400 ml Mandelmilch
2 EL Kokosnussblütenzucker
2 Nelken
¼ TL Safranpulver | ¼ TL Zimt

Alle Zutaten in einen Topf geben und aufkochen lassen. Die Hitze reduzieren und 5–6 Minuten weiterköcheln lassen. Topf beiseitestellen, Nelken herausnehmen und vor dem Verzehr etwas abkühlen lassen.

SEJUK SEPANYOL –
Geeiste Sangria

....

Ergibt 6 Portionen (nur für Erwachsene)
½ Bioorange, in dünne Scheiben geschnitten
250 ml trockener Rotwein
350 g gemischte Beeren (TK) | 250 ml stilles Wasser
120 ml frisch gepresster Orangensaft
80 g Kokosnussblütenzucker oder nach Geschmack
frische Früchte zum Garnieren

1 Orangenscheiben, Wein, TK-Beeren und Wasser in einer Schüssel gut vermischen. Für 8 Stunden abgedeckt in den Kühlschrank stellen.

2 Anschließend die Mischung gut durch ein Sieb passieren, sodass alle festen Früchte zerdrückt sind.

3 Orangensaft und Kokosnussblütenzucker gut verrühren, bis sich die Zuckerkristalle aufgelöst haben, und zu der Wein-Beeren-Mischung hinzugeben. Umrühren und 1 Stunde in den Gefrierschrank stellen.

4 Die angefrorene Masse herausnehmen und mit einer Gabel gut vermischen.

5 Erneut für 1 Stunde in den Gefrierschrank stellen und den Vorgang mehrmals wiederholen, bis die Masse zu gecrushtem Eis geworden ist.

6 In Dessertgläser füllen und mit frischen Früchten garnieren.

MINUMAN BELLINI –
Geeister Bellini

....

Ergibt 8 Portionen
350 g Pfirsiche (etwa 3–4 Stück)
2 reife Mango (250 g Fruchtfleisch)
750 ml eiskalter Prosecco
Minzeblätter zum Garnieren

1 Pfirsiche halbieren, jeweils den Kern entfernen. Das Fruchtfleisch (mit der Schale) in dünne Scheiben schneiden und mindestens 1 Stunde einfrieren.

2 Währenddessen die Mango halbieren, den Kern entfernen und das Mangofleisch pürieren. Falls es zu sauer ist, etwas Kokosnussblütenzucker nach Geschmack hinzufügen.

3 Gefrorene Pfirsichscheiben und Mangopüree kräftig mixen, bis eine cremige Masse entstanden ist.

4 Champagnerflöten zur Hälfte mit dem Püree füllen und mit Prosecco aufgießen. Sofort servieren.

TIPP

Original wird weißer Pfirsich verwendet, er schmeckt noch feiner.

Aus eigener Herstellung

KAYA –
Kokosnusskonfitüre

....

Ergibt 1 großes Glas

230 ml Kokosnussmilch (möglichst frisch) und 90 g Kokosnussblütenzucker in einer teflonbeschichteten Pfanne unter gelegentlichem Rühren so lange köcheln lassen, bis eine braune Masse entstanden ist. Das kann bis zu 60 Minuten dauern. Danach in einen Mixer geben und 6–8 Minuten kräftig mixen. Die Kokosnusskonfitüre in sterilisierte Marmeladengläser füllen, abkühlen lassen und danach verschließen. Sie ist im Kühlschrank bis zu 2 Monate haltbar. Aber Achtung, sie hat Suchtfaktor!

TIPP

Geben Sie zusätzlich 2 EL Kakaopulver (mind. 70% Kakaoanteil) und 1 TL Zimt (und/oder 1 TL Vanillepulver) mit in den Mixer.

SANTAN –
Kokosnussmilch

....

Ergibt bis zu 600 ml

1 reife Kokosnuss | 600 ml lauwarmes Wasser

1 Eines der drei Augen der Kokosnuss mit einem sauberen Schraubenzieher durchstechen (vorher prüfen, welches weich ist).

2 Kokosnusswasser herauslaufen lassen und in einem Behälter auffangen. Entweder filtern und trinken oder für andere Rezepte verwenden.

3 Kokosnuss öffnen und das Fleisch mit einem Messer von der holzigen Schale lösen.

4 Mit einem Kartoffelschäler die braune Haut vom Kokosnussfleisch entfernen und die Fleischstücke klein schneiden.

5 Kokosnussfleisch mit dem lauwarmen Wasser in einen Mixer geben und mindestens 5 Minuten kräftig mixen.

6 Anschließen durch ein feines Haarsieb oder ein sauberes Küchentuch passieren.

TIPP

Sie können weniger oder auch mehr Wasser nehmen, je nachdem, wie Sie die Konsistenz der Milch wünschen.

VARIANTE

Für ein leckeres Kokosnusseis Kokosnussblütenzucker und/oder Zimt mit in den Mixer geben und anschließend die Masse in die Eismaschine geben. Um eine cremige Eiskonsistenz zu bekommen, nehmen Sie nur 450 ml Wasser.

Vanilleextraktersatz

....

Ergibt etwa 20 ml

3 Vanilleschoten der Länge nach halbieren, das Mark herauskratzen, die Schote in kleine Stücke schneiden und zusammen mit dem Mark in einen verschließbaren Glasbehälter geben. 2 EL Kokosnussblütenzucker und 6 g in winzige Würfel geschnittene geschälte Ingwerwurzel dazugeben. Mit einem Teelöffel zusammenpressen. Glasbehälter schließen und für mindestens 4 Tage in den Kühlschrank stellen.

MERINGE –
Baiserschalen oder -plätzchen

....

Ergibt etwa 4 Stück

2 Eiweiß | 1 Prise Himalaya-Salz
150 g Kokosnussblütenzucker
2–3 EL Kokosnussblütenzucker-Sirup (siehe Seite 117)

1 In einer Metallschüssel Eiweiße und Salz mit einem Schneebesen kurz vermischen, anschließend Zucker hinzugeben und so lange rühren, bis die Kristalle vollständig aufgelöst sind.

2 Die Masse über einem heißen Wasserbad (etwa 45 Grad) so lange aufschlagen, bis sie eine cremige weiße Konsistenz hat.

3 Vom Herd nehmen und mit einem Handmixer oder in einer Küchenmaschine sehr steif schlagen. Der Eischnee sollte schöne Spitzen ziehen und glänzen.

4 Anschließend 2–3 EL Kokosnussblütenzucker-Sirup unter den fertigen Eischnee mischen. 8–10 Minuten rühren.

5 Meringe-Masse teelöffelweise oder mit dem Spritzbeutel auf ein mit Backpapier ausgelegtes Backblech geben, 30 Minuten trocknen lassen und anschließend bei 100 Grad für 2 Stunden in den vorgeheizten Backofen schieben.

Gyoza-Blätter

Ergibt 30–40 Blätter
100–120 ml warmes Wasser
¼ TL Himalaya-Salz
200 g Reismehl oder Buchweizenmehl

1 Salz und Wasser mischen.

2 In das Salzwasser esslöffelweise das Mehl sieben und vermischen, bis eine homogene Masse entsteht. Teig etwa 6–7 Minuten durchkneten. Falls er zu trocken ist, teelöffelweise weiteres Wasser hinzufügen, falls er zu feucht ist, etwas mehr Mehl.

3 Teig zu einer Kugel formen und mit einem leicht feuchten Tuch abdecken. Bei Raumtemperatur

30 Minuten ruhen lassen. (Währenddessen kann die Füllung vorbereitet werden.)

4 Teig auf einer bemehlten Arbeitsfläche dünn ausrollen.

5 Mit einem runden Backförmchen von etwa 10 cm Durchmesser Kreise ausstechen. Fertig!

Mein Tipp

Wenn die Gyoza-Blätter für einen späteren Gebrauch aufeinandergelegt werden sollen, bitte von beiden Seiten bemehlen. Gyoza-Blätter können in einem verschließbaren Glasbehälter im Kühlschrank bis zu 4 Tage aufbewahrt werden.

Gari – eingelegter Ingwer

Ergibt etwa 300 ml
1 große Ingwerwurzel (etwa 100 g)
1 Prise Himalaya-Salz | 300 ml Reisessig
4 EL Kokosnussblütenzucker oder nach Geschmack

1 Ingwerknolle schälen und mit einem Küchen-hobel in sehr dünne Scheiben schneiden.

2 Mit einer Prise Salz bestreuen und etwa 1 Stunde ziehen lassen. Anschließend mit einem Küchentuch abtrocknen.

3 Essig und Zucker in einem Topf aufkochen und 2–3 Minuten simmern lassen.

4 Ingwer hinzugeben und weitere 4 Minuten köcheln.

5 Abkühlen lassen, in einen verschließbaren Glasbehälter füllen und gut 1 Woche im Kühlschrank stehen lassen. Im Kühlschrank aufbewahrt bis zu sechs Monate haltbar.

Erdbeerdressing – für Salate

....

Ergibt etwa 200 ml

120 ml kalt gepresstes Kokosnussöl
80–90 g Erdbeeren, in Scheiben geschnitten
2 EL klein gehackte Schalotten
1 EL Champagneressig
½ TL Dijon-Senf
¼ TL grobes Himalaya-Salz und
etwas schwarzer Pfeffer aus der Mühle

1 Alle Zutaten in einen Mixer geben und etwa 40 Sekunden glatt mixen.

2 Anschließend in einen verschließbaren Glasbehälter füllen und für 12 Stunden in den Kühlschrank stellen.

Reisessig

....

Ergibt etwa 50 ml

50 ml Himbeeressig
2 EL Kokosnussblütenzucker
1 TL Himalaya-Salz

1 Alle Zutaten kurz aufkochen und 3 Minuten simmern lassen.

2 Anschließend abkühlen lassen und in einen verschließbaren Glasbehälter füllen. Bis zum Gebrauch im Kühlschrank aufbewahren. Mindestens 3 Monate haltbar.

Süße Kichererbsenmilch

....

Ergibt etwa 500 ml

100 g Kichererbsen (nicht aus der Dose!)
500 ml stilles Wasser plus Einweich- und Kochwasser
3–4 EL Kokosnussblütenzucker nach Geschmack
1 EL Kokosnussöl | 1 TL Zimt
1 TL gemahlener Ingwer

1 Kichererbsen waschen und abgedeckt etwa 20 Stunden einweichen.

2 Abseihen und 20–30 Minuten in Wasser (ohne Salz) kochen.

3 Abgießen und mit 500 ml Wasser, Zucker, Öl, Zimt und Ingwer in einen Mixer geben. Mindestens 6 Minuten mixen.

4   Masse durch ein feines Sieb passieren und die Milch auffangen.

5   In eine Glasflasche füllen und bis zum Verzehr im Kühlschrank aufbewahren. Mindestens 1 Woche haltbar.

TIPP

Diese Milch schmeckt köstlich über einem Frühstücksmüsli.

Quinoamilch

250 g Quinoa gründlich waschen und 20 Stunden in stillem Wasser abgedeckt einweichen. Anschließend abseihen und zusammen mit 750 ml Wasser in einem Mixer kräftig mixen, bis eine glatte Masse entstanden ist. Weiter verfahren, wie im Rezept »Kichererbsenmilch« auf Seite 112 beschrieben.

Brauner-Reis-Milch

Ergibt etwa 400 ml
120 g gekochter brauner Reis
(oder andere Reissorten nach Belieben)
360 ml stilles Wasser (je nach Geschmack auch mehr)
2 TL Kokosnussblütenzucker
1 Vanilleschote (oder ¼ TL Zimt)

1   Vanilleschote halbieren, das Mark auskratzen und zusammen mit allen anderen Zutaten in einem Mixer 3–5 Minuten kräftig mixen.

2   Anschließend durch ein feines Sieb gießen.

TIPP

Sie können auch die ganze Vanilleschote mit in den Mixer geben, dann aber etwas länger mixen und anschließend die Milch vor dem Filtern ein paar Minuten abgedeckt ruhen lassen, damit sich das Vanillearoma besser entfalten kann.

Hummus (Basis)

Ergibt etwa 4 Portionen
2 TL frisch gepresster Zitronensaft plus 2 EL
1 EL Kokosnussblütenzucker
200 g Kichererbsen (trocken),
über Nacht in stillem Wasser eingeweicht
9 EL Kokosnussöl
2 EL Sesamöl (Bioqualität)
2 EL Tahin (siehe Seite 114)
½ TL Himalaya-Salz
schwarzer Pfeffer aus der Mühle zum Würzen

1   2 EL Zitronensaft und 1 EL Kokosnussblütenzucker in einem Topf leicht erwärmen, bis sich der Zucker auflöst. Beiseitestellen.

2   Kichererbsen abseihen, gut abtropfen lassen und gemeinsam mit allen anderen Zutaten sowie der Zitronenmischung nach und nach in einem Mixer zu einer cremigen Masse pürieren. Geduld ist gefragt. Die Mischung immer wieder vom Rand des Behälters lösen und die Mixgeschwindigkeit variieren. Zum Schluss nach Bedarf etwas Wasser oder mehr Öl hinzufügen.

3 In einen Glasbehälter füllen. Im Kühlschrank bis zu 8 Tage haltbar.

VARIANTEN

Hummus mit frischen Korianderblättern und Knoblauchzehen; mit Bärlauch und Kreuzkümmel; mit Rote Bete und Kurkuma; mit frischen kernlosen Oliven und hart gekochten Eiern ... Ihrer Fantasie sind kaum Grenzen gesetzt! Geben Sie zum Würzen auch Papayakernpulver hinzu, es unterstützt Ihre Gesundheit enorm.

Tahin-Paste

Ergibt etwa 550 g

500 g Sesam, in einer Pfanne geröstet und anschließend gemahlen
60 ml Kokosnussöl (ersatzweise Sesamöl)

1 Sesam in einen Mixer geben. Langsam das Öl einfließen lassen und etwa 6–7 Minuten pürieren, bis eine Paste entstanden ist. Sollte die Mischung zu trocken sein, teelöffelweise weiteres Öl hinzugeben.

2 Tahin in ein verschließbares Glas füllen und im Kühlschrank aufbewahren (bis zu 1 Monat haltbar). Vor jeder Verwendung gut umrühren, da sich das Öl absetzt.

VARIANTEN

Für eine pikante Note können Gewürze wie Salz, Koriander, Muskatnuss oder Kurkuma untergemischt werden.

Mit etwas Knoblauch, Salz und frisch gepresstem Zitronensaft abgeschmeckt eignet sich Tahin als köstliche Zugabe in vielen asiatischen Gerichten

TIPP

Um eine bessere Bindung der Paste zu erreichen, können Sie natürliches Lecithin während des Mixvorgangs hinzugeben.

Chutney Exotica

Ergibt 200–400 ml (je nach Größe der Papaya)

1 EL Kokosnussöl
2 Knoblauchzehen, fein gehackt
2 Schalotten, fein gehackt
5 EL Kokosnussmilch (möglichst frisch)
1 große Papaya (oder 2 kleine), entkernt und gewürfelt
1 Kiwi, geschält und geviertelt
1 reife Mango, gewürfelt
1 Chilischote, nach Belieben entkernt, in dünne Ringe geschnitten
60 g Kokosnussblütenzucker oder nach Geschmack
60 g Kokosnussraspeln (möglichst frisch)
50 ml Reisessig (oder 40 ml Mirin)
1½ EL frisch gepresster Zitronen- oder Limettensaft
¼ TL Himalaya-Salz
1 TL gemahlene Kurkuma
schwarzer Pfeffer aus der Mühle

1 Kokosnussöl in einen erhitzten Topf geben. Knoblauch und Schalotten darin kurz anbraten.

2 Mit der Kokosnussmilch ablöschen und alle weiteren Zutaten hinzufügen.

3 15–20 Minuten bei mittlerer Temperatur (ohne Deckel) köcheln lassen.

4 Nochmals abschmecken. In einen Mixer geben und kurz pürieren.

5 In verschließbare Glasbehälter füllen und nach Bedarf genießen. Im Kühlschrank aufbewahrt ist das Chutney bis zu 2 Wochen haltbar.

Thai-Curry-Paste

Ergibt 120–150 ml
1½ EL Kokosnussöl
2 Knoblauchzehen, gehackt | 3 EL Zwiebeln, gehackt
2 Chilischoten, entkernt und klein geschnitten
2 Stangen Zitronengras, in kleine Stücke geschnitten
1 Ingwerwurzel (etwa 2 cm im Durchmesser),
in Scheiben geschnitten
1 TL gehackte Bergamotte oder
Bioorangenschale nach Belieben
1 kleines Bund frischer Koriander
1 EL gemahlene Kurkuma | 2 TL Himalaya-Salz

1 Kokosnussöl in eine erhitzte Pfanne geben. Knoblauch und Zwiebeln darin scharf anbraten. Beiseitestellen und kurz abkühlen lassen.

2 Die restlichen Zutaten mit einem Pürierstab oder einer Küchenmaschine zu einer homogenen Masse mixen.

3 Knoblauch und Zwiebeln hinzugeben und erneut kräftig mixen.

4 Nach Bedarf nochmals abschmecken.

5 Die Paste in verschließbare Glasbehälter füllen und im Kühlschrank bis zu 2 Wochen aufbewahren.

Thai-Sojasoße
(scharf)

Ergibt etwa 200 ml
2 große rote Chilischoten
300 ml Sojasoße
300 g Kokosnussblütenzucker

Chilischote hacken und zusammen mit der Sojasoße und dem Kokosnussblütenzucker etwa 45–60 Minuten einköcheln lassen. Diese Soße passt zu vielen asiatischen Gerichten.

Chili-Paste

Ergibt 50–80 ml
6 rote Chilischoten, klein gehackt | 4 Knoblauchzehen
1 kleines Bund frischer Koriander, klein gehackt
1 EL gemahlene Kurkuma
6 frische Minzeblätter, klein gehackt
1½ TL Himalaya- oder Steinsalz | 2 EL Tomatenmark
4 TL Kokosnussblütenzucker
1 EL Arganöl oder natives Olivenöl

1 Alles in eine Schüssel geben und mit einem Pürierstab zu einer feinen Paste pürieren.

2 In einen verschließbaren Glasbehälter füllen und bis zum Gebrauch im Kühlschrank aufbewahren. Mindestens 2 Monate haltbar.

Eierlikör

....

Ergibt etwa 400 ml
3 Eigelb
100 g Kokosnussblütenzucker
Mark von ½ Vanillestange
120 ml Mandelmilch
90 ml weißer Rum

1 Eigelbe, Kokosnussblütenzucker und Vanille-mark schaumig schlagen, bis sich der Zucker vollkommen aufgelöst hat.

2 Mandelmilch in die Ei-Zucker-Masse einrühren.

3 Rum hinzugeben und kräftig vermischen.

4 Im Wasserbad bis maximal 60 Grad erhitzen und so lange rühren, bis eine dickliche Flüssigkeit entstanden ist.

5 Eierlikör noch warm in eine verschließbare Glasflasche füllen.

6 Im Kühlschrank aufbewahrt hält er sich bis zu 1 Jahr.

TIPP

Ist der Eierlikör nach der Abkühlung zu fest gewor-den, vor dem Servieren mit etwas Rum verdünnen.

Feuriger Ketchup

....

Ergibt 130–150 ml
200 ml Wasser | 12 reife Tomaten
1 rote Chilischote, in dünne Ringe geschnitten
3 Knoblauchzehen, gehackt
6 Schalotten, fein gehackt | 1 Bund Koriander
1 EL Kokosnussöl | 1 EL Papayakernpulver
3 EL Kokosnussblütenzucker
3 EL Balsamicoessig | 3 EL Tapiokamehl
1 TL rotes Currypulver | 1 TL gemahlene Kurkuma
¼ TL Himalaya-Salz
etwas schwarzer Pfeffer aus der Mühle

1 Tomaten waschen, einschneiden, mit heißem Wasser übergießen, Haut abziehen und das Fleisch in kleine Würfel schneiden.

2 Vom Koriander die Blätter abzupfen und hacken.

3 Alle Zutaten in einen Topf geben und 30–40 Mi-nuten einköcheln lassen. Nach Bedarf nochmals abschmecken.

4 Anschließend alles in einen Mixer geben und kräftig durchmixen.

Kokosnussblüten-zucker-Sirup

....

Ergibt 50–60 ml

200 g Kokosnussblütenzucker und 150 ml Wasser so lange köcheln lassen, bis eine sirupartige Konsistenz entstanden ist. Dieser Sirup kann als Brotaufstrich, zum Überbacken für Kuchen und Kekse und vieles mehr verwendet werden.

Reisnudeln

....

Ergibt 2–3 Portionen
120 g Reismehl | 60 g Tapiokastärke
1 Prise Steinsalz
360 ml kaltes Wasser plus 200 ml
1½ TL Kokosnussöl

1 Reismehl, Stärke und Salz in eine Schüssel geben und gut vermischen.

2 Unter ständigem Rühren langsam das Wasser hinzufügen, bis eine weiße »Suppe« entstanden ist (ohne Klümpchen), 1 Stunde ruhen lassen.

3 Eine hohe Pfanne mit 200 ml Wasser füllen. Die Temperatur auf mittlere Stufe stellen, sodass das Wasser leicht köchelt.

4 Pizzaform mit Öl einfetten.

5 Die Reisnudelflüssigkeit in die Pizzaform füllen, bis der Boden gerade bedeckt ist.

6 Pizzaform in das siedende Wasser stellen, Pfanne mit einem Deckel verschließen und den Teig 4–6 Minuten dämpfen. Achtung, das Wasser darf nicht in die Pizzaform laufen!

7 Sobald der Teig eine matte Farbe hat, die Oberfläche mit wenig Öl einpinseln, damit er beim Herausnehmen nicht bricht.

8 Teigplatten mit einem flexiblen Kuchenspatel an den Rändern lösen, vorsichtig aus der Form herausarbeiten (der Teig darf nicht reißen) und auf einem mit Öl eingepinselten Holzbrett glatt auslegen. Die Nudelplatte abkühlen lassen.

9 So weiterverfahren, bis die Teigflüssigkeit aufgebraucht ist.

10 Die Nudelplatten aufeinanderlegen und in Streifen schneiden.

11 Jetzt ist etwas Geduld gefragt, denn die Nudeln müssen, bevor sie für ein Gericht verwendet werden können, voneinander getrennt werden. Anschließend je nach Kochanweisung vorgehen.

Mein Tipp

....

Wenn sie erst später verwendet werden sollen, die Nudeln auf ein sauberes Küchentuch legen und abtrocknen. Danach in einen Behälter geben und bis zum Verzehr im Kühlschrank bis zu 4 Tage aufbewahren.

SAYURAN ROTI –
Gemüse-Walnuss-Brot

....

Ergibt ein Kastenbrot

700 g Süßkartoffeln | 400 g Grünkohl

½ TL Steinsalz oder nach Geschmack

200 g Teff | 1 EL Kokosnussöl

300 g Lauch, in dünne Ringe geschnitten

1 TL Fenchelsamen

100 g Walnüsse, sehr fein gehackt

100 g frische Korianderblätter, klein gehackt

100 g frische Basilikumblätter, klein gehackt

1　Süßkartoffeln schälen und in dünne Scheiben schneiden.

2　Grünkohl schneiden, die harten Strünke entfernen.

3　In einen großen Topf 4 Liter Wasser füllen. Süßkartoffelscheiben, Salz und Teff zum Kochen bringen. Temperatur herunterschalten, Topf mit einem Deckel verschließen und etwa 20 Minuten köcheln lassen.

4　In eine heiße Pfanne Kokosnussöl geben. Lauch, Grünkohl sowie Fenchel darin scharf anbraten und zusammen mit den Walnüssen zu der Süßkartoffel-Teff-Mischung in den Topf füllen. Bei geschlossenem Deckel etwa 3 Minuten weiterköcheln lassen.

5　Topf vom Herd nehmen, Koriander und Basilikum dazugeben und umrühren.

6　Die Mischung in eine Kastenform (20 x 10 cm) füllen und abgedeckt 40 Minuten in den Backofen stellen (ohne Hitze!). Danach ist das Gemüse-Walnuss-Brot zum Verzehr bereit. Schneiden Sie die jeweils benötigten Scheiben direkt in der Kastenform.

TIPP

Das restliche Brot in der Kastenform belassen und abgedeckt im Kühlschrank aufbewahren.

SWEET KERDIL WUKAMY –
Süße Miniburger

....

(Grundrezept siehe Seite 58)

Für die süßen Burger erhöhen Sie den Anteil von Kokosnussblütenzucker (ursprünglich 1 TL) auf 3 TL und lassen Tomaten, Cornichons, Tomatenmark, Dijon-Senf und Salatblätter weg. Miniburger halbieren, jede Hälfte mit Kokosnusskonfitüre, Marmelade oder Schokolade (weiße oder dunkle) bestreichen und wieder zusammenklappen.

Hinweis

....

Dieser Teig kann auch zur Herstellung von Cupcakes zubereitet werden. Geben Sie zu den Zutaten noch 50 ml Mandel- oder Kokosnussmilch hinzu. Mit gepufftem Amaranth, Kokosnussraspeln, Mandel- oder Schokosplitter bestreuen. Ihrer Fantasie sind keine Grenzen gesetzt.

Katharinas Chia-Brot

....

Ergibt 1 Brot (etwa 700 g)

150 g gemahlene Chia-Samen

400 g stilles Wasser | 10 g frische Hefe

1½ EL Kokosnussblütenzucker

300 g Dinkel-, Buchweizen- oder glutenfreies Mehl

10–12 g fein gemahlenes Stein-,

Kristall- oder Himalaya-Salz

100 g gepuffter Amaranth

nach Belieben 1¼ TL Backpulver

1 Alle Zutaten Raumtemperatur annehmen lassen. In einer Schüssel gemahlene Chia-Samen mit dem stillen Wasser vermischen, zu einer Kugel formen und abgedeckt 20 Minuten beiseitestellen.

2 In der Zwischenzeit die frische Hefe mit 3 TL lauwarmem Wasser und ½ EL Kokosnussblütenzucker in einer Tasse vermischen, bis sich der Zucker aufgelöst hat. Die Tasse abgedeckt an einen warmen Ort stellen.

3 Mehl mit dem restlichen Zucker, Salz und gepufftem Amaranth in eine Schüssel geben. Das Backpulver dazusieben und alles gut vermischen. 5 EL dieser Mischung auf die Arbeitsfläche streuen.

4 Die Chia-Kugel daraufsetzen, die restliche Mehlmischung über die Kugel schütten, sodass ein Hügel entsteht. In die Spitze des Hügels eine tiefe Mulde drücken und die flüssige Hefe-Zucker-Mischung hineingießen.

5 Nun mit den Händen das Mehl von außen nach innen in die Mulde einarbeiten, es soll ein gleichmä-

ßiger Teig entstehen. Den Teig noch gut 10 Minuten weiter durchkneten. Ist er sehr klebrig, etwas Mehl auf Hände und Arbeitsfläche geben und weiterkneten.

6 Dann aus dem Teig eine Kugel formen und sie in eine raumtemperierte Glas-, Porzellan- oder Metallschüssel geben. Teigkugel mit einem Küchentuch abdecken und 1 Stunde an einen warmen, zugluftfreien Ort stellen (oder bei 40 Grad in den Backofen).

7 Anschließend den Teig auf einer bemehlten Arbeitsfläche erneut etwa 10 Minuten gut durchkneten. Danach zu einem Brotlaib formen, auf ein bemehltes Backblech legen und mit einem Küchentuch abgedeckt noch mal 1 Stunde an einem warmen Ort gehen lassen. Er soll mindestens um ein Drittel aufgehen.

8 Backofen auf 200 Grad vorheizen (keine Umluft!). Den Brotlaib auf ein Backblech geben, mit etwas Mehl bestäuben und in den heißen Ofen schieben. Eine mit Wasser gefüllte, hitzebeständige Schüssel dazustellen und den Teig 20 Minuten backen. Dann die Temperatur auf 180 Grad herunterschalten und das Brot 60 Minuten weiterbacken.

9 Gegen Ende der Backzeit den Klopftest machen: Einfach mit einem Holzlöffel oder den Fingerknöcheln das Brot an der Unterseite abklopfen. Klingt es hohl, ist das Brot fertig. Hört sich das Geräusch eher dumpf an, muss es zurück in den Backofen.

10 Das Brot auf einem Gitterrost etwas abkühlen lassen und erst danach anschneiden. Im Kühlschrank aufbewahren. Es kann auch eingefroren werden. Zum Auftauen über Nacht in den Kühlschrank geben.

Decken Sie die Schüssel luftdicht mit einer Klarsichtfolie ab, dann bleibt die Feuchtigkeit im Teig und zieht nicht ins Küchentuch.

Das Chia-Brot kann mit je 1 Tasse kurz blanchierten Möhrenstiften, gerösteten Zwiebeln, Kürbiskernen oder Walnüssen, Knoblauch und getrockneten Tomaten verfeinert werden. Sehr gut schmecken auch klein geschnittene getrocknete Sultaninen, Pflaumen oder Rosinen. Einfach die gewünschten Zutaten beim zweiten Kneten in den Teig einarbeiten.

Für ein herzhaftes Brot 12–14 g Himalaya-Salz verwenden. Es eignet sich allerdings nicht so gut für süße Brotaufstriche, Marmeladen oder Konfitüren.

Kokosnuss-Joghurt

Ergibt ca. 250 ml (je nach Größe der Kokosnuss)

1 junge Kokosnuss
Steinsalz
Inhalt von 2 Kapseln probiotisches Pulver
Kokosnussblütenzucker nach Belieben

1 Die Kokosnuss öffnen und das Wasser in einer Schüssel auffangen.

2 Das Kokosnussfleisch mit einem Esslöffel aus der Kokosnuss herauskratzen und mit 60–80 ml frischem Kokosnusswasser und 1 winzigen Prise

Steinsalz in einem Mixer mindestens 4 Minuten auf Höchststufe durchmixen. Nach Bedarf weiteres Kokosnusswasser hinzufügen. Die Masse sollte annähernd cremig sein.

3 Anschließend durch ein feines Metallsieb (Haarsieb) in eine Porzellanschale streichen. Die Kapseln öffnen und das probiotische Pulver gut in die Masse einrühren. Nach Geschmack kann etwas Kokosnussblütenzucker hinzugefügt werden.

4 In ein sterilisiertes Glas mit Deckel abfüllen, gut verschließen und 16–24 Stunden an einen warmen Ort stellen (an die Heizung oder in den Backofen bei eingeschaltetem Backofenlicht). In der Joghurtmasse sollten am Ende Lufteinschlüsse entstanden sein.

5 Glas öffnen, den Joghurt gut durchrühren und wieder verschlossen in den Kühlschrank stellen. Sobald der Joghurt kühl gelagert wird, stoppt die Fermentierung.

Mein Tipp

Sehr lecker schmeckt dieser Joghurt auch, wenn er mit echter Vanille verfeinert wird. Dafür 1–2 Vanilleschoten längs aufschneiden, auskratzen und das Vanillemark nach dem Fermentierungsvorgang hinzufügen. Auch Zimtpulver oder andere Gewürze nach Wahl können hinzugefügt werden. Ihrer Fantasie sind kaum Grenzen gesetzt.

Fragen und Antworten zur Entgiftungswoche

Was ist, wenn ich …

… trotz ausreichender Wasserzufuhr Kopfschmerzen habe? Essen Sie mehr und trinken Sie noch mehr. Sollten die Kopfschmerzen dann immer noch nicht verschwinden, können Sie Schmerztabletten einnehmen. Sollten die Beschwerden mehr als drei Tage anhalten, suchen Sie bitte einen Arzt auf.

… trotz vielem Trinken Migräne bekomme? Migräne kann eine Reaktion auf die Entgiftung sein, das heißt, der Körper hat begonnen, die Schadstoffe »auszuspülen«. In diesem Fall bitte noch mehr trinken und bei starken Schmerzen entsprechende Medikamente in Absprache mit dem Arzt einnehmen. Dr. K.S. empfiehlt, bei häufig auftretender Migräne den Testosteron-Spiegel kontrollieren zu lassen.

… Durchfall oder Verstopfung habe? Rühren Sie 3–4 EL gelierte Chia-Samen in Tee oder stilles Wasser (nicht zu kalt) und trinken Sie alles zügig, oder nehmen Sie Abführtees aus der Apotheke zu sich. Sollten die Beschwerden nach drei Tagen nicht verschwunden sein, suchen Sie bitte einen Arzt auf.

… Durchfall, Kreislaufprobleme oder Schwindel bekomme? Sollte ich mit der Entgiftung weitermachen? Zunächst ja. Der Körper hat angefangen, Giftstoffe abzuarbeiten. Das ist eine gewaltige Aufgabe für unseren Organismus, die gewisse Begleiterscheinungen mit sich bringen kann. Bei Durchfall helfen Chia-Samen (siehe oben). Sollten die Beschwerden nach drei Tagen nicht abgeklungen sein, bitte umgehend einen Arzt aufsuchen. Es könnten auch andere Ursachen zugrunde liegen.

… schwanger bin? Schwangere sollten die Entgiftungswoche erst nach der Entbindung durchführen, sofern sie nicht stillen.

… stille? Für stillende Mütter ist die Entgiftung nicht zu empfehlen.

… Krebspatient bin? Für Patienten, die an Krebs erkrankt sind, ist die Entgiftung sehr zu empfehlen.

… von meinem Arzt Medikamente verordnet bekommen habe? Während der Entgiftungsphase sollten alle verordneten Medikamente unbedingt weiter eingenommen werden. Es ist allerdings dringend anzuraten, zeitnah einen Check durchführen zu lassen. Eventuell muss die Dosis reduziert werden. Bei Diabetes muss der Patient neu eingestellt werden. Diese Empfehlung ist besonders wichtig, wenn nach der Entgiftung die Ernährung umgestellt wird.

… ein Kind zu versorgen habe? Sollte es auch eine Entgiftung machen? Bei Kleinkindern wird prinzipiell von einer Entgiftung abgeraten. Jedoch sollte die Ernährungsumstellung so früh wie möglich umgesetzt werden, insbesondere bei übergewichtigen Kindern und Jugendlichen, auch wenn sie an Diabetes erkrankt sind. Aber bitte immer zuerst einen Check beim Arzt machen lassen!

… während der Entgiftung Blut spenden will? Es ist nicht zu empfehlen, während der Entgiftungsphase Blut zu spenden, da der Organismus mit seiner

Reinigung begonnen hat. Damit hat er genug zu leisten. Es könnte sonst zu Schwächeanfällen kommen.

… meine Menstruation habe? Wirkt sich dies auf die Entgiftung aus? Nein. Allerdings kommt es während der Menstruation kaum oder nur wenig zu einer Gewichtsreduktion. Die Entgiftung findet trotzdem statt.

Fragen zur Ernährung

Ist Butter über Blumenkohl an Tag 7 erlaubt? Ein paar Butterflöckchen können über das Gemüse gegeben werden. Optimal wäre Kokosnussöl (siehe dazu auch Seite 20).

Kann ich Lamm, Kalbfleisch und Kalbsleber essen? Ja. Fleisch sollte aber nur vom Biobauern oder aus ökologischer Landwirtschaft stammen.

Kann ich das Chia-Brot einfrieren? Ja. In einem Glasbehälter einfrieren und im Kühlschrank über Nacht auftauen.

Kann ich während der Entgiftung Pilze essen? Pilze sind schwer verdaulich, daher werden sie während der Entgiftungsphase vom Speiseplan gestrichen.

Gibt es eine Alternative zu Manuka-Honig und Gula Malaka? Manuka-Honig ist ein sehr hochwertiger Honig, der jedoch recht teuer ist. Eine Alternative ist heimischer Honig in Bioqualität, also naturbelassen, kalt geschleudert und ohne jegliche chemische Zusätze. Gula Malaka ist die malaysische Bezeichnung für Kokosnussblütenzucker und (auch unter der Bezeichnung Gula Melaka) im Internethandel erhältlich.

Ist Kaffee während der Entgiftung erlaubt? Ja. Er sollte jedoch möglichst ohne jegliches Süßungsmittel und Milch getrunken werden. Etwas ungesüßte Mandel-, Haselnuss-, Quinoa- oder Kamelmilch ist okay.

Ist Sojamilch an Tag 4 erlaubt? Bitte keine Sojamilch trinken! Es sei denn, sie ist garantiert aus kontrollierter Produktion aus Deutschland oder Österreich. Für Menschen mit Schilddrüsenproblemen ist Soja jedoch keinesfalls zu empfehlen (siehe dazu auch Seite 135).

Gilt die 16-Uhr-Regel auch während der Entgiftungsphase? Nein. In dieser Zeit kann von den jeweiligen Tagesmahlzeiten so oft und so viel gegessen werden, wie man möchte. Niemand muss hungrig ins Bett gehen. Allerdings sollten die Mengenangaben für Fleisch und Fisch eingehalten werden, also 2 x 280 g pro Tag. Diese können je nach Wunsch auf drei, vier oder gar fünf Mahlzeiten aufgeteilt werden.

Wie viel Naturreis oder braunen Reis sollte ich an Tag 7 zu mir nehmen? Ideal ist maximal 1 Tasse gekochter Reis zu jeder Mahlzeit. Bedenken Sie, Reis wandelt sich im Organismus umgehend in Zucker um. Alternativ können Sie gekochte Quinoa essen.

Kann ich Spargel an Tag 3 essen? Ja. Spargel ist ein leicht bekömmliches Gemüse.

Sind Peperoni während der Entgiftung erlaubt? Nein.

Kann Papain schon während der Entgiftungsphase eingenommen werden? Wenn ja, wie viel? Ja, nach Packungsanweisung.

Darf ich am Obsttag Kokosnussöl zu mir nehmen? Kokosnussöl kann jederzeit verzehrt werden.

Kann ich am Tomatentag auch Zwiebeln hinzugeben? Ja.

Kann man auch indische Flohsamenschalen statt Chia-Samen verwenden? Ja. Allerdings haben Flohsamenschalen eine andere Wirkung. Sie werden gelegentlich als pflanzliches »Quellmittel« oder »Stuhlaufweicher« bezeichnet und dementsprechend zur Darmregulierung eingesetzt. Chia-Samen haben zwar auch eine darmregulierende Wirkung, weisen darüber hinaus aber einen hohen Gehalt an Omega-3-Fettsäuren auf und sind sehr sättigend.

Was kann ich gegen Heißhunger tun? Chia-Samen in einem Glas Wasser (nicht zu kalt), ungesüßter, möglichst selbst gemachter Mandelmilch oder in Tee aufquellen lassen und trinken.

Kann ich bei der Gemüsesuppe die Zwiebeln ersetzen? Ja. Jedoch wäre es ratsam, sich eng an den Plan zu halten. Die Suppe kann auch püriert werden.

Ich trinke gerne Milchkaffee. Welche Milch sollte ich nehmen? Am besten selbst gemachte Mandel- oder Haselnussmilch. Andere Milchalternativen gibt es in fast jedem Supermarkt und in Bioläden. Die Milch sollte ungesüßt und ohne Konservierungsstoffe sein.

Wie wäscht man Quinoa, wenn man kein Sieb hat? Quinoakörner in ein Küchentuch geben, das Küchentuch zudrehen und unter fließendem Wasser samt Küchentuch gründlich abspülen.

Matcha-Tee schmeckt mir nicht! Was tun? Während der Entgiftungsphase ist Matcha-Tee kein Muss.

Kann ich statt Austernsoße auch Sojasoße nehmen? Ja. Die glutenfreie Sojasoße »Tamari« wäre allerdings besser.

Ersetzt eine frische Papaya das Papain? Nein! Man müsste täglich eine riesige Menge Papayas essen, um den Organismus mit so viel Enzym (Papain) zu versorgen, wie in den Kapseln steckt.

Wie kann ich Kokosnussöl pur schon morgens hinunterbekommen? Kokosnussöl (flüssig) kann in den Kaffee gemixt, in einen Smoothie gegeben oder einfach auf einem Löffel zu sich genommen werden. Am besten fangen Sie mit ein paar Tropfen auf der Lippe an.

Ich möchte abends den restlichen Spargel kochen. Darf ich dazu in der Entgiftungsphase Butter essen? Ein paar Butterflöckchen in Ehren kann niemand verwehren. Aber Maß halten.

Darf ich kohlensäurehaltiges Wasser in der Entgiftungszeit trinken? Nein! Sprudelwasser übersäuert den Organismus und kann zu Blähungen führen, es ist nicht »basisch« und sollte auch nach der Entgiftung nicht getrunken werden.

Darf ich mein Essen auch in Kokosnussmilch schmoren? Bitte nicht während der Entgiftungsphase.

Ist Kokoswasser während der Entgiftung erlaubt? Ja, aber nur in Maßen. Kokosnusswasser ist sehr gesund, allerdings nur, wenn es aus der frischen Kokosnuss stammt! Alle fix und fertig abgepackten Produkte enthalten Konservierungsstoffe. Frisches (echtes) Kokosnusswasser hält sich, auch im Kühlschrank 2 bis maximal 3 Tage. Danach ist es sauer.

Wie trocknet man Papayakerne? Papayakerne gründlich waschen und bei etwa 50 Grad im Backofen für mindestens 1 Stunde trocknen. Oder auf Backpapier legen und an der Sonne trocknen lassen.

Wie bewahre ich das geöffnete Kokosnussöl auf? In Deutschland ist Kokosnussöl nur in fester Form erhältlich, bei einer Temperatur ab 25 Grad wird es wieder flüssig. Zum Gebrauch im Winter an die Heizung stellen oder den Tiegel in heißes Wasser stellen. Es muss nicht im Kühlschrank aufbewahrt werden.

Fange ich am Fleisch-Tomaten-Tag schon morgens mit Rindfleisch an oder kann ich dieses auch weglassen? Wenn man zum Frühstück noch kein Rindfleisch essen kann, geht auch Obst. Aber bitte keine Bananen! Optimal ist es jedoch, wenn Sie das Rindfleisch mit den rohen Tomaten schon zum Frühstück verzehren. Probieren Sie es, vielleicht geht es besser, als Sie denken.

Wie ist das mit den Kosten für die Entgiftungswoche? Die Kosten entsprechen dem, was normalerweise pro Woche für Fleisch, Obst und Gemüse ausgegeben wird.

Kann ich am Obsttag das Obst auch als Smoothie zu mir nehmen? Besser ist es, das Obst zu beißen, da die Faserstoffe für eine gute Verdauung sorgen (siehe dazu auch Seite 18).

Darf man die Wundersuppe in der Entgiftungswoche nur an Tag 4 zu sich nehmen? Die Wundersuppe kann praktisch jederzeit gegessen werden. Jedoch sollte sie nicht länger als maximal 3 Tage im Kühlschrank aufbewahrt werden.

Wie schwierig ist die Entgiftung im Alltag umzusetzen? Hierzu gibt es unzählige Tipps in der Facebook-Gruppe »SOS-SchlankOhneSport«. Schauen Sie doch mal vorbei.

Darf ich statt Weißwein auch Prosecco trinken? Bleiben Sie bei Weiß- oder Rotwein. Kohlensäure kann den Organismus leicht übersäuern. Generell gilt: Alkohol fügt der Nahrung unnötige Kalorien zu!

Ich habe zum Frühstück die Kartoffel vergessen. Soll ich sie später essen? Die Kartoffel kann bis zum Mittag verspeist werden. Allerdings wäre sie zum Frühstück besser, da sie auch als Energiespender dient.

Darf man während der Entgiftung Eier essen? Bitte halten Sie sich eng an den Entgiftungsplan. Eier sind nicht aufgeführt.

Laut meinem Arzt sollte ich wegen meines Rheumas keine Tomaten essen. Was kann ich als Alternative nehmen? Essen Sie Spargel, gedünstet, ohne Soße. Geben Sie stattdessen etwas Kokosnussöl darüber.

Gelten Datteln als Obst? Ja. Aber nicht in der Entgiftungsphase verzehren! Für die Ernährungsumstellung werden frische Datteln empfohlen. Getrocknetes oder gar kandiertes Obst enthält sehr viel Zucker.

Ab wann fange ich mit Chia-Samen an? Chia-Samen können schon vom ersten Tag an zu jeder Mahlzeit hinzugefügt werden.

Wie sieht es mit den Lebensmitteln aus, die ich wegen meiner Blutgruppe nicht essen sollte? Soll ich die in der Entgiftungswoche weglassen? Während der 7-Tage-Entgiftung tritt die Blutgruppenernährung außer Kraft. Es geht jetzt ausschließlich um die Entgiftung.

Gibt es außer Tofu noch Alternativen für Vegetarier? Lupinen sind sehr empfehlenswert, sie haben einen hohen Eiweißgehalt. Aber auch Tempeh oder Miso wären gute Alternativen.

Heißt das, für immer kohlenhydratfrei zu essen? Nein. Ganz im Gegenteil. Kohlenhydrathaltige Lebensmittel sollten morgens in großen Mengen gegessen werden, aber nach 16 Uhr bitte nicht mehr.

Darf man TK-Gemüse nehmen? Wenn es schnell gehen muss, kann auch Tiefkühlgemüse oder -obst verzehrt werden. Allerdings enthalten frisches Gemüse und Obst in Bioqualität mehr Vitamine.

Ich trinke gerne grünen Tee. Worauf sollte ich achten? Auf die Qualität, denn es gibt große Unterschiede. Möglichst Bioware verwenden.

Fällt »Xucker« oder »Erythrit« auch unter Ersatzstoffe nach SOS? Nein, beides wird nach SOS nicht empfohlen! Nehmen Sie stattdessen Kokosnussblütenzucker oder Luo-Han-Guo-Pulver (manchmal auch Luo Han Kuo geschrieben).

Wie sieht es eigentlich mit Räucherfisch aus? Während der Entgiftung bitte keinen Räucherfisch oder geräucherten Lachs essen.

Darf man die Chia-Samen auch schreddern? Ja.

Muss man bei der selbst gemachten Mandelmilch die Stückchen herausfiltern? Wer sich an den Mandelstückchen nicht stört, kann sie mit verzehren oder in ein Müsli geben.

Sind Ziegen- oder Schafsmilchprodukte gut als Alternative zur Kuhmilch oder sollte man auf alle tierischen Milchprodukte verzichten? Siehe dazu mein Statement »Wieso empfehlen Sie Schafs- oder Ziegenmilch?« auf Seite 126.

Darf ich alle Gewürze verwenden? Während der Entgiftungsphase sollten Gewürze nur sparsam hinzugefügt werden.

Was mache ich am Obsttag, wenn ich keine Wassermelone mag? Es können auch andere Melonensorten verzehrt werden. Bedenken Sie aber, dass Wassermelone für unseren Organismus sehr gut ist (siehe dazu auch Seite 18).

Ich kann kein Rindfleisch und Gemüse mehr sehen. Was kann ich tun oder essen, ohne meine Entgiftungswoche zu unterbrechen? Alternativen zum Rindfleisch sind Lamm, Wild, Bison, Fisch, Huhn und Pute. Das Gemüse kann durch Lieblingssorten ausgetauscht werden. Aber keine Bohnen, keinen Mais, keine Erbsen, keine Kichererbsen, keine Pilze, keinen Kürbis und keine Süßkartoffeln verzehren!

Warum muss in die Gemüsesuppe so viel Zwiebel rein? Zwiebeln sind gut für die Darmflora, für eine Entgiftung also durchaus förderlich.

Darf ich Garnelen an den Fleischtagen essen? Fisch und Meeresfrüchte können gern am Fleischtag verzehrt werden.

Wo kaufe ich Matcha-Tee, und welche Sorte ist die leckerste? Matcha-Tee ist in Bioläden, im Internethandel und mittlerweile in vielen Lebensmittelgeschäften erhältlich. Aber Achtung: auf die Qualität achten! Geschmäcker sind bekanntlich verschieden, daher kann ich leider keine Empfehlung abgeben, welcher der »leckerste« ist.

Fragen und Antworten zur Ernährungsumstellung

Wieso empfehlen Sie Ziegen- oder Schafsmilch anstelle von Kuhmilch? Diese Tiere werden doch auch nicht besser behandelt als Kühe. Leider können wir das Leid der Tiere nicht wegzaubern. Das wäre wunderbar. Zu den Fakten: Ziegen- oder Schafsprodukte sind von Natur aus für den menschlichen Organismus besser verträglich als Kuhmilch und ihre Produkte. Die Milch von Schafen und Ziegen hat einen höheren Anteil an mittellangen Fettsäuren. Dieser zwei- bis dreimal höhere Anteil sorgt für eine schnellere Verdauung, das heißt, die Fettsäuren können leichter absorbiert werden als andere. Wissenschaftler haben belegt, dass diese Milch den Darm sogar gesund hält, was besonders für das Verdauungssystem eines Säuglings Beachtung finden sollte. Kuhmilch kann Durchfall, Verstopfung, Koliken, Erbrechen, Bauchschmerzen, Asthma, Schnupfen, Kopfschmerzen und Migräne, Ekzeme und Verschiedenes mehr auslösen. Wer sich gesund ernähren möchte, sollte auf Kuhmilchprodukte verzichten. Das ist nur ein gut gemeinter Rat, aber keinesfalls ein strenges Muss. Jeder ist in seiner Entscheidung frei. Wer jedoch die vielen Erfolgsberichte in der SOS-Facebook-Gruppe und mittlerweile auch in den Medien liest, wird dem Rat sehr gerne folgen. Das hoffe ich zumindest sehr.

Was Sie vielleicht noch nicht wussten: Seit Jahrzehnten wird Kuhmilch mit Milliarden subventioniert. Produzenten von pflanzlichen Milchalternativen erhalten keine Subventionen. Kuhmilch zählt zu den Grundnahrungsmitteln und wird mit sieben (Österreich: zehn) Prozent besteuert. Pflanzliche Alternativen wie Hafer-, Mandel-, Haselnussmilch zählen zu den Genussmitteln und werden mit 19 (Österreich: 20) Prozent besteuert. Alternative Milchsorten gibt es mittlerweile in fast allen Supermärkten, sogar pflanzliche Alternativen zu Käse, Quark, Joghurt und Butter. Da diese Produkte jedoch nicht subventioniert und auch höher besteuert werden, sind die Preise höher. Dabei sind sie wesentlich gesünder und könnten dazu beitragen, das Gesundheitssystem zu entlasten. Ich bin der Meinung, das ist eine große Ungerechtigkeit gegenüber Menschen, die sich gesund ernähren wollen.

Bill Gates, Träger der Ehrendoktorwürde der Harvard-Universität und einer der reichsten Männer der Welt, sprach sich auf einer öffentlichen Veranstaltung für pflanzliche Alternativen und einen veganen Lebensstil aus. Er wies auf die Auswirkungen des massiven Fleischkonsums auf unsere Gesundheit und die klimatischen und ökologischen Folgen hin, die durch den zu hohen Verbrauch an tierischen Produkten in der Zukunft entstehen werden. Das Video mit Bill Gates ist auf YouTube zu finden: »Bill Gates über die Zukunft von Fleischkonsum«.

Und was ist mit Ghee? Das ist doch letztendlich auch von der Kuh!

Die geklärte Butter ist zwar auch ein »Kuhprodukt«, wer aber beispielsweise gar kein Kokosnussöl mag, kann sie verwenden. Sie enthält weder Eiweiß noch Milchzucker und kaum Wasser, ist somit also reines Fett. Daher wird geklärte Butter zuweilen auch als Butterreinfett bezeichnet und in der ayurvedischen Medizin sogar zur Entgiftung eingesetzt.

Sahne, die sich auf den Säure-Basen-Haushalt fast neutral auswirkt, und Ghee sind für uns Menschen besser verdaulich als Butter. Zudem zählen beide zu den eiweißarmen und fetten Lebensmitteln, die in der SOS-Ernährung toleriert werden. Aber auch bei Ghee und Sahne gilt: Achten Sie auf den Herstellungsprozess und die Qualität!

Hinweis

....

Ziegenmilch ist für Menschen mit Laktoseintoleranz nicht zu empfehlen, da sie etwa gleich viel Milchzucker enthält wie Kuhmilch. Schafsmilch enthält einen wesentlich höheren Anteil an wertvollen Vitaminen (A, D, B_1, B_{12} und Niacin). Die leichtere Verdaulichkeit der Ziegenmilch kommt durch kleinere Fettkügelchen zustande, die durch Enzyme besser zerlegt werden können. Das heißt aber nicht, dass Schafe oder Ziegen deshalb ausschließlich artgerecht gehalten werden, mit Ausnahme der vielen Schäfer, die es hierzulande noch gibt.

Ich persönlich unterstütze gerne Landwirte, die ihre Kühe nicht mit Antibiotika oder anderen chemischen Zusätzen füttern, die Tiere auf der Weide herumtoben und Gras fressen lassen, kein Soja oder sojaversetztes Futter und dergleichen füttern. Denken Sie bitte trotzdem daran: Kuhmilch tut uns Menschen nicht gut! Ein paar Inhaltsstoffe in der Kuhmilch sind zweifelsfrei nützlich – aber naturbedingt nur und ausschließlich für die Aufzucht von Kälbchen notwendig.

Generell gilt: Alle Produkte, die aus Kuhmilch und insbesondere im Zuge der Massentierhaltung hergestellt werden, bitte vermeiden, wenn Sie sich gesund ernähren wollen. Sollten Sie auf Käse absolut (!) nicht verzichten können, gilt folgende Regel: Je härter, desto besser verträglich für unseren Organismus.

Muss ich jetzt auf alles verzichten, damit ich mein Gewicht halten kann? Nein. Die Ernährungsumstellung heißt nicht, auf alles verzichten zu müssen. Ganz im Gegenteil: Es gibt viele gesunde und wohlschmeckende Alternativen zu Lebensmitteln, die man nach SOS-Regeln meiden sollte.

Was ist mit der 300-Tage-Regelung gemeint? Im SOS-Basisbuch steht dazu geschrieben: »Wir halten uns 300 Tage an die Ernährungsumstellung und bezeichnen die restlichen 65 Tage des Jahres als unsere Sündentage, an denen wir das essen, worauf wir gerade Lust haben.« Allerdings trinken wir auch dann keine Kuhmilch und verzehren keine Lebensmittel, die Weizen enthalten.

Ist Eiweißbrot nach der Entgiftung erlaubt? Eher nicht! Eiweißbrot ist generell nicht zu empfehlen. Laut vieler Hersteller soll Eiweißbrot zwar wenig Kohlenhydrate und viel Eiweiß enthalten, aber viele Sorten protzen mit zehnmal mehr Fett. Eine eiweißreiche, kalorienarme Kost kann Kilos schmelzen lassen, aber ganz sicher nicht das Eiweißbrot. Und: Zu viel Eiweiß kann unter Umständen sogar zu einer Belastung der Nieren führen.

Wichtig zu wissen!

....

Fast 70 Prozent der Weltbevölkerung wissen nicht, dass sie von Pilzen und/oder Parasiten befallen sind. Symptome sind Heißhunger auf Süßes, Verstopfung, Blähungen (Blähbauch), Durchfall, Mundgeruch, Muskelschmerzen, starke Beschwerden vor und während der Menstruation, Prostataentzündung, hartnäckiges Übergewicht (trotz Mäßigung purzeln die Pfunde einfach nicht) und vieles mehr! Der böseste Nebeneffekt von Parasiten und Pilzen ist der Psychoterror, den diese kleinen Biester mit uns veranstalten können: Wir bekommen Heißhunger auf Süßes. Viele, die von Parasiten befallen sind, schleichen sich nachts (manchmal ohne es zu merken) in die Küche und stürzen sich regelrecht auf alles Süße.

Bei manchen Menschen können sich die Beschwerden am Anfang der Entgiftungstage zunächst verschlimmern. Aber keine Panik, jetzt heißt es erst recht durchhalten! Kurz vor Beendigung der 7-Tage-Entgiftungsphase merken die Betroffenen eine deutliche Besserung.

Ernähren Sie sich gesund, das sorgt für einen ausgeglichenen Säure-Basen-Haushalt, und die Entgiftungskur verbessert die Situation in unserem Verdauungssystem enorm. So ein sauberes Milieu mögen Parasiten und Pilze gar nicht leiden. Eine gesunde Darmflora stärkt wiederum unser Immunsystem.

Eine anschließende Ernährungsumstellung ist unbedingt notwendig. Wer sichergehen will, ob er von Pilzen oder/und Parasiten befallen ist, sollte

das von seinem Hausarzt abklären lassen. Leider zählen Parasiten für viele Ärzte aber noch immer zu den »unbekannten Wesen«. Bitte bestehen Sie einfach darauf, eine Blutuntersuchung zu veranlassen. Reine Stuhlproben können das Bild verfälschen, da sich Parasiten in den Schleimschichten verbergen und so für lange Zeit, wenn nicht gar für immer unentdeckt bleiben. Neben einer Stuhlprobe müssten zusätzlich Proben aus dem Urin, den Atemwegen, dem Mund, von der Haut, den Nägeln und Haaren genommen werden.

Parasiten können auch im Eistadium über kontaminierte Lebensmittel und Trinkwasser in unseren Körper gelangen. Viele Ärzte erkennen häufig keinen Zusammenhang zwischen einer schweren Erkrankung und einer Infektion, die durch Parasitenbefall verursacht wird, da die Symptome unspezifisch sind.

Hier weitere mögliche Symptome: Abgeschlagenheit, extreme Müdigkeit, Stimmungstief, Unkonzentriertheit, Vergesslichkeit, Heißhunger auf kohlenhydratlastige Lebensmittel, Muskelzittern und gleichzeitiges Gefühl von großem Hunger mit Flimmern vor den Augen und Schwächegefühl, Gelenkschmerzen oder geschwollene Gelenke, steifer Nacken, verstopfte Nase (wie bei einer Erkältung), Ohrenentzündung, unreine Haut (Pickel, Rötungen, trockene Haut), fettige und stumpfe Haare sowie Schuppen. Diese Symptome können auch am Anfang der Entgiftungswoche verstärkt auftreten. Dann sollten Sie unbedingt abklären lassen, ob sich Pilze oder Parasiten in Ihrem Organismus eingenistet oder gar versteckt haben. Ein Pilz- und Parasitenbefall kann in der Folge Autoimmunerkrankungen hervorbringen, wie Morbus Crohn, Multiple Sklerose, Psoriasis und Arthritis, aber auch das Entstehen von Krebserkrankungen begünstigen.

In einem schlechten Darmmilieu fühlen sich die kleinen Biester besonders wohl und können sich so richtig ausbreiten. Sie besetzen jedes Körpersystem, wie Haut, Augen, Blut, Nieren, Leber, Lunge, Herz, Gebärmutter, Muskelgewebe, Bauchspeicheldrüse, Wirbelsäule und sogar das Gehirn. Naturmittel zur Vorbeugung von Parasiten sind beispielsweise Papayakerne: täglich 4–6 Kerne kauen, Kleinkinder ab 6 Jahren nur 1 Kern.

Mein persönlicher Beautytipp

Hier in Südostasien wickeln Einheimische ihr Fleisch über Nacht in Papayablätter ein, damit es – durch die in den Blättern enthaltenen Enzyme – am nächsten Tag schön zart ist. Eine ähnliche Wirkung haben auch die Schalen der Papayafrüchte auf die menschliche Haut. Wenn Sie in einem Rezept Papaya verwenden, die Schalen nicht wegwerfen: Sie können sie direkt mit der ausgehöhlten Fruchtfleischseite auf Ihr Gesicht legen und 45 Minuten einwirken lassen.

Oder Sie stellen aus den Schalen eine tolle Papaya-Beautymaske her:

Dafür die Papaya vor dem Schälen gut waschen. Die Schalen im Mixer mit etwa 2 EL Kokosnussöl (je nach Größe der Frucht), ein paar Spritzer frischem Zitronensaft und 1 TL pulverisierten Papayakernen kräftig mixen. Nach Bedarf weiteres Kokosnussöl hinzufügen. Die Masse sollte eine cremige Konsistenz haben. Auf Gesicht und Hals verteilen, 45 Minuten einziehen lassen und anschließend mit lauwarmem Wasser abwaschen.

Achtung: Den Augenbereich beim Auftragen der Maske aussparen, damit weder Öl noch Zitronensäure diese zarte Hautpartie reizen oder in die Augen geraten.

Kleines Abc zu den Rezepten und verwendeten Lebensmitteln

Abfüllen in Glasbehälter: Bevor Sie selbst hergestellte Speisen zur Aufbewahrung in Glasbehälter füllen, sollten diese sterilisiert werden. Waschen Sie Gläser, Flaschen und die entsprechenden Deckel gut heiß aus. Danach das Glas (nicht die Deckel!) bei 180 Grad für 40 Minuten in den Backofen geben. Auskühlen lassen und mit den jeweiligen Schraubverschlüssen wieder verschließen.

Arganöl: Arganöl (manuelle Pressung) ist für die »kalte« Küche sehr zu empfehlen. Es hat eine entzündungshemmende Wirkung, beispielsweise bei Arthritis, und unterstützt unser Immunsystem. Aber bitte nicht erhitzen!

Back- und Kochutensilien: Verwenden Sie anstelle von Plastik möglichst Metall-, Porzellan- oder Glasschüsseln, -tiegel, -behälter sowie Koch- und Backutensilien aus Metall oder Holz. Übrigens: Keramikbeschichtete Pfannen und Töpfe sind energiesparend.

Bohnen, Erbsen und Blähungen: Bohnen enthalten besonders viel Stärke und Proteine sowie ähnliche Antinährstoffe, wie in Getreide (Lektine und Phytate) enthalten sind. Generell sind in Hülsenfrüchten schwer verdauliche Kohlenhydrate (Oligosaccharine) vorhanden, was Bauchschmerzen zur Folge haben kann. Die Kohlenhydrate gelangen zum größten Teil unverändert in unseren Darm. Dort werden sie über die Vergärung durch entsprechende Darmbakterien im wahrsten Sinne des Wortes geknackt. Bei diesem Vorgang entstehen Gase, die zu massiven Blähungen und unangenehmen Bauchkrämpfen

führen können. Anis, Kümmel oder Fenchel wirken lindernd und können als Tee aufgebrüht werden. Manche Menschen haben allerdings ein sehr gutes Verdauungssystem für Bohnen und Erbsen und leiden kaum unter Blähungen.

Kidneybohnen sind reich an Stärke und Eiweiß. Sie bestehen zu 70 Prozent aus Kohlenhydraten, enthalten 25 Prozent Protein und gerade mal fünf Prozent Fett. Um Muskeln aufzubauen, sind sie für den Speiseplan ideal.

Bei grünen Bohnen (beispielsweise Stangenbohnen) wird die Bohnenhülle mitgegessen, bei allen anderen Sorten nur die Bohnenkerne, die jedoch sehr stärkehaltig sind und damit auch viele Kohlenhydrate enthalten. Aber wie heißt es so schön: Die Dosis macht den Unterschied.

Brokkoli: Wenn Sie einen empfindlichen Darm haben, kann der Verzehr von Brokkoli zu Verdauungsproblemen führen und Bauchschmerzen bereiten. Die enthaltenen Ballaststoffe können erst im Dickdarm verdaut werden. Dort entstehen Gase, die zu Blähungen und sogar Krämpfen führen können.

Chia-Samen: Verwenden Sie nur beste Qualität. Im SOS-Basisbuch finden Sie auf Seite 107 einen Qualitätstest. Wenn Sie trockene Chia-Samen verzehren, trinken Sie anschließend genügend stilles Wasser (kein Sprudelwasser!). Mein Mann und ich essen jeder pro Tag bis zu vier Esslöffel aufgequollene Chia-Samen. In Deutschland werden als tägliche Verzehrmenge 15 g (trocken) empfohlen. Die

US-amerikanische Food and Drug Administration (FDA) hingegen deklariert einen Verzehr von bis zu 48 g täglich für unbedenklich. Menschen mit Herz-Kreislauf-Problemen wird empfohlen, täglich bis zu 45 g der kleinen Samen zu verzehren oder sie in den täglichen Speiseplan mit einzubauen.

Chili: Verwenden Sie, wenn möglich, immer frische Chilischoten, falls er in den Rezepten angegeben ist. Chili ist sehr gesund und könnte einer jüngst veröffentlichten chinesischen Studie zufolge sogar unser Leben verlängern. Wer nicht so gerne scharf essen mag, sollte alle weißen Kerne im Innern der scharfen Schote entfernen.

Eier: Als Alternative zu Eiern können Sie Chia-Samen verwenden. Anstelle eines Eis 1 EL Chia-Samen (etwa 12 g) in 100 ml stillem Wasser gut 20 Minuten quellen lassen. Danach in einer Küchenmaschine oder einem Standmixer kräftig durchmixen, bis eine puddingähnliche weißliche Masse entstanden ist. Nach Bedarf teelöffelweise weiteres Wasser hinzugeben.

Fleisch: Achten Sie darauf, Fleisch nur von grasgefütterten, möglichst freilaufenden Tieren aus Biohaltung zu verwenden.

Haferflocken: Bitte bedenken Sie, dass Haferflocken den Blutzuckerspiegel ansteigen lassen können.

Hirse: Hirsekörner sind in der Regel klein und gelblich. Sie haben ein mildes Aroma, das gut zu anderen Lebensmitteln passt. Die meisten Quellen empfehlen, Hirse zu kochen (2½ Tassen Wasser auf 1 Tasse Hirse). Sie kann aber auch als Snack gegessen werden. Ersetzen Sie gut 30 Prozent des herkömmlichen Mehls in Lieblingsbackrezepten durch Hirsemehl.

Hummus/Kichererbsen: Gekochte Kichererbsen (ohne Salz) sind eine reichhaltige Quelle für Kalium, Kalzium, Zink, Eisen, Sodium und Selen. Sie sind reich an Ballaststoffen, wirken »schlechten« Cholesterinwerten entgegen und können den Blutdruck senken. Besonders zu empfehlen bei Durchfall: Eine große Portion gekochte Kichererbsen hilft, den Darm wieder zu stabilisieren. Kichererbsen sind für Diabetiker geeignet. Ihr hoher Anteil an Zink sorgt dafür, Insulin im Körper zu speichern. 100 g Hummus enthalten je nach Zubereitung etwa 170 kcal, 8 g Eiweiß, 14 g Kohlenhydrate (davon 0 g Zucker), 6 g Ballaststoffe und 230 mg Kalium (Kalium fördert die Muskelfunktion und reguliert den Blutzuckerspiegel).

Käse, Butter und Joghurt: Wenn Sie auf Käse aus Kuhmilch nicht verzichten möchten, achten Sie unbedingt darauf, dass er ausschließlich aus der Milch von grasgefütterten und weidenden Kühen produziert wurde, die ohne chemische Zusätze wie Antibiotika und dergleichen aufgezogen wurden und kein weizenhaltiges Futter erhalten. Sahne und Butter, die aus dieser Milch hergestellt werden, sind für unsere Gesundheit in Maßen verzehrt nicht schädlich, aber leider für manche Menschen unverträglich. Kuhmilchprodukte enthalten einen hohen Anteil an Vitamin K_2. Dieses Vitamin wird von unserem Organismus unter anderem dafür benötigt, um zugeführtes Vitamin D besser verarbeiten zu können. Vitamin K_2 ist auch in Eigelb enthalten, in Leber und Muskelfleisch von weidenden, grasgefütterten Kälbern und Rindern sowie in fermentierten Nahrungsmitteln wie Natto, das einen besonders hohen Anteil an dem Vitamin verzeichnet. Das Gleiche gilt für Joghurt, der unbedingt lebende Kulturen enthalten sollte, und Quark. Kurz: Wenn die Herkunft zweifelsfrei biologisch ist und die Tiere nicht mit Weizen gefüttert werden, können Sie Ihre geliebte Butter, Sahne, Käse, Quark und Joghurt in Maßen genießen, aber SOS-konform ist es nicht. Zum Thema »Leid und Ausnutzung von Kuhmüttern und Leid der Kälbchen« kann ich mich hier in diesem Buch nicht äußern. Es würde den Umfang sprengen.

Hinweis: Dr. K.S. empfiehlt gerade für ältere Menschen eine tägliche Aufnahme von bis zu 100 µg (Mikrogramm), um einen guten Vitamin-K_2-Status zu erreichen. Der zunehmende Verlust von Östrogenen bei Frauen im Klimakterium verringert Vitamin K_2 (und Vitamin K_1). Neben den genannten tierischen Produkten enthalten auch Sauerkraut, Pilze, Tomaten, Zwiebeln, Lauchgemüse, Brokkoli, Rotkohl, Linsen, Spinat, Blumenkohl, Rosenkohl, Südfrüchte, Stein- und Beerenobst und frische Kräuter viel Vitamin K.

Kokosnussmehl: Wenn Sie Rezepte mit Kokosnussmehl backen wollen, beachten Sie bitte, dass es mehr Feuchtigkeit aufnimmt. 50 g herkömmliches Mehl entsprechen 1 EL Kokosnussmehl.

Mehle ohne Weizen: Ausschließlich zertifiziert glutenfrei sind Amaranth-, Brauner-Reis-, Buchweizen-, Chia-Samen-, Hafer-, Hirse-, Leinsamen-, Quinoa-, Teff-, Kokosnuss- und Topinamburmehl. Trotz seines Namens hat Buchweizenmehl mit Weizen nichts zu tun, obwohl er wie Getreide schmeckt und verwendet werden kann. Er eignet sich bestens zum Backen von Brot und Gebäck. Um den nussigen Geschmack auszugleichen, kann Buchweizenmehl mit Kokos- oder Reismehl gemischt werden. Auch andere Nussmehle, die keinen Weizen enthalten, eignen sich: Cashew-, Hasel-, Kastanien-, Mandel-, Macadamia-, Pekan-, Pistazien- und Walnussmehl. Zu nennen wären auch noch Weißmehle aus Klebereis, Süßkartoffeln und normalem weißem Reis sowie Stärkemehle aus Kartoffeln, Tapioka, Kichererbsen oder Teff, die allesamt glutenfrei sind. Viele dieser Mehlmischungen gibt es mittlerweile fertig zu kaufen, aber sie enthalten meistens noch kein Bindemittel, um tolle Backergebnisse erzielen zu können, da ihnen das Gluten fehlt. Für das Binden können bei-

spielsweise Johannisbrotkernmehl, Flohsamenschalen oder Guarkernmehl eingesetzt werden.

Hier eine kleine Regel: Für Gebäck (Kuchen, Kekse) und Backwaren (Brot, Brötchen, Pizza), die mit Hefe gebacken werden, empfiehlt es sich, beispielsweise 100 g Mandelmehl 1–1½ TL Johannisbrotkernmehl beizumischen. Für Kuchen, Muffins und Brot ohne Hefe: 100 g Walnussmehl plus ¾ TL Johannisbrotkernmehl. Um 460 g Mehl ohne Weizen zu erhalten, benötigen Sie beispielsweise 230 g Brauner-Reis-Mehl, 100 g Stärke und 40 g Tapiokamehl. Der Teig braucht jedoch etwas mehr Flüssigkeit und wird daher nicht so fest wie glutenhaltige Mehle. Aber bleiben Sie cool und lassen Sie sich davon nicht in die Irre führen. Halten Sie sich strikt an das Rezept. Wenn Sie mehr Mehl dazugeben, kann es zu einem trockenen und harten Ergebnis kommen. Damit Brote und Kuchen nicht austrocknen, sollte der Backofen auf Ober- und Unterhitze eingestellt werden. Ist in einem Rezept Backpulver angegeben, verwenden Sie unbedingt Weinstein. Herkömmliche Backpulver sind oft nicht glutenfrei.

Milch: Verwenden Sie ausschließlich Mandel-, Quinoa-, Hanf-, Hafer-, Ziegen-, Schafs-, Esels-, Reis- oder (wenn Sie sie bekommen können) Kamelmilch. Getreidemilch enthält keine Laktose und deutlich weniger Proteine. Ziegenmilch ist für Menschen mit Laktoseintoleranz allerdings nicht zu empfehlen (siehe oben). Kamelmilch enthält den gleichen Eiweiß- und Fettgehalt wie Kuhmilch, liefert jedoch fast das Vierfache an Vitamin C. Ihr Reichtum an Proteinen spielt eine große Rolle bei der Abwehr gegen Bakterien und Viren. Eselsmilch eignet sich ebenfalls als Ersatzmilch für Menschen mit Kuhmilchallergie. Der Reismilch, die in der Regel aus Vollkornreis hergestellt wird, werden meist Vitamine und Kalzium zugesetzt, da sie ansonsten zu nährstoffarm wäre. Menschen mit einem erhöhten Blutzuckerspiegel sollten sie nicht trinken, denn Reis wandelt sich im Körper direkt in Zucker um.

Sie können bei allen hier abgedruckten Rezepten, in denen Milch angegeben ist, die erwähnten Alternativen verwenden. Am besten ist es jedoch, Sie stellen Ihre Milch selbst her. Dann wissen Sie genau, was drin ist. Bitte verwenden Sie keine Kuhmilch aus dem Supermarkt, wenn Sie sich gesund ernähren wollen!

Obst: Essen Sie Obst immer auf »leeren« Magen, zumindest aber vor allen anderen Speisen, heißt die Regel. Nur so können Früchte bei der Entgiftung eine wichtige Rolle übernehmen. Wenn sich Obst mit anderen Lebensmitteln (beispielsweise Brot) mischt, können Gase und somit Blähungen entstehen. Obst sollte daher immer als Erstes den Gang in das Verdauungssystem antreten. Essen wir zuerst eine Scheibe Brot mit Spiegelei, Butter und/oder Wurst und hinterher Obst, dann ist dieser Weg sozusagen versperrt. Das Brot liegt quasi auf dem Obst, vermischt sich mit Magensaft, alles fängt an zu gären und behindert somit die gute Arbeit, die unser Verdauungssystem imstande ist zu leisten. Die große Ausnahme ist Papaya. Mindestens 30 Minuten nach einer Mahlzeit gegessen hilft sie dem Verdauungssystem dank ihrer Enzyme enorm.

Plastik: Wenn Sie aus Kostengründen Plastik aus Ihrer Küche nicht komplett verbannen können, dann verwenden Sie für Lebensmittel bitte nur Plastikverpackungen, -flaschen und -behälter mit dem Hinweis »Keine Weichmacher, kein PVC und kein Bisphenol A«. Manchmal befindet sich auf der Verpackung die Ziffer 7 oder die Abkürzung »PC«. Dieser Aufdruck ist jedoch keine Pflicht, da Bisphenol A nicht gekennzeichnet werden muss. Deckel von Bechern, Siegelfolien usw. sollten aus PP (Polypropylen) bestehen und ebenfalls keine Weichmacher, kein PVC und kein Bisphenol A enthalten. Auch die

Bezeichnung PET sagt aus, dass weder Weichmacher, PVC, Bisphenol A noch Ortho-Phthalate zur Herstellung verwendet wurden. Steht auf der Verpackung »Aus Acetaldehyd«, sollten Sie Folgendes wissen: Acetaldehyd, das sich auch in alkoholischen Getränken befindet, ist aus der alkoholischen Gärung als Vorstufe von Ethylalkohol bekannt. Es handelt sich dabei um einen natürlichen Fruchtaromastoff, der beispielsweise in reifen Früchten oder Orangensaft wie auch in Käse, Butter und anderen Lebensmitteln vorkommt, sogar in Bier. Acetaldehyd wurde von der Weltgesundheitsorganisation als krebserregend klassifiziert! In einem Bericht des Deutschlandfunks, der unter dem Titel »Acetaldehyd, ein wahres Krebsgift« schon im April 2011 erschienen ist, erfahren Sie mehr dazu: (http://www.deutschlandfunk.de/acetaldehyd-ein-wahres-krebs-gift.676.de.html?dram:article_id=28335).

In Schraubverschlüssen (Deckeldichtungen) von Konfitüregläsern oder Ähnlichem sind oftmals Weichmacher enthalten, manchmal auch Bisphenol A, da Glasbehälter leider noch nicht ohne diese Hilfsstoffe dicht verschlossen werden können. Fast alle Deckel haben eine Dichtung, die Weichmacher benötigt, damit sie elastisch ist und der Inhalt nicht herauslaufen bzw. luftdicht verschlossen werden kann. Es gibt aber Alternativen für Dichtungen, die ohne Weichmacher auskommen, und zwar die oben genannten Deckel aus PP. Sie sind jedoch wesentlich teurer und werden für die Abdichtung von Glasverschlüssen bei Lebensmitteln leider noch nicht vorgeschrieben.

Die Regel lautet: Vermeiden Sie alle Verpackungen und Behälter, die PVC und Polycarbonat enthalten, sowie Kunststoffe, denen Weichmacher und Bisphenol A zugesetzt sind. Das Bundesinstitut für Risikobewertung (BfR) hält die Kunststoffe aus Polyethylen (PE), Polypropylen (PP) und Polyethylenterephthalat (PET) für Menschen und Umwelt für unbedenklich. Sie eignen sich für die Verpackung von Lebensmitteln, da sie keine giftigen Stoffe an das Lebensmittel abgeben. Wer ganz sichergehen will, steigt auf Glasbehälter bzw. -flaschen um.

Rhabarber: Rhabarber enthält viel Kalium, ein Mineralstoff, der überwiegend im Innern von Körperzellen vorkommt. Kalium ist beispielsweise an der Regulation unseres Wasserhaushalts beteiligt und spielt eine große Rolle bei der Weiterleitung von Reizen entlang unserer Nerven. Wichtig ist Kalium aber auch für den Magen-Darm-Trakt, denn es ist Bestandteil von Verdauungssäften und hilft bei der Energieproduktion. Kalium ist darüber hinaus an der Muskeltätigkeit sowie an der Regulierung des Blutdrucks beteiligt.

Rote Möhren (Purple Haze)**:** Im Vergleich zu den üblichen Möhrensorten stecken in den rotvioletten Möhren jede Menge Vitamin C, Vitamin B_1 und Carotinoide, aber vor allem Betacarotin. Ihre rote bis violette Färbung wird durch einen wasserlöslichen Pflanzenstoff hervorgerufen, der auch in Rotkohl, blauen Trauben, schwarzen Johannisbeeren und Brombeeren enthalten ist. Im Fachjargon Anthocyan genannt schützt er unsere Gene, blockiert genvernichtende Substanzen und ist damit ein natürlicher Oxidantienschutz für die menschlichen Körperzellen.

Salz: Nehmen Sie vorzugsweise Himalaya- oder Steinsalz. Meersalz nur aus kontrollierter Produktion verwenden (Achtung, kann Schwermetalle enthalten).

Shiitake: Der aus China und Japan stammende Pilz ist auch in Südostasien bei der Zubereitung von Speisen nicht nur beliebt, sondern ist auch sehr gesund. Eigentlich ist er kein echter Pilz, sondern ein Gewächs, obwohl der Name in der japanischen Sprache »gut duftender Pilz« bedeutet. Dr. K.S. zählt ihn eher zur Kategorie Gemüse, da er während der Verdauung andere Eigenschaften aufweist als herkömmliche Pilze. Seit mehr als 2000 Jahren gilt er in der Traditionellen Chinesischen Medizin (TCM) als wahres »Lebenselixier«. Ihm werden positive Wirkungen in Bezug auf Kopfschmerzen, Sehkraft, Magenleiden, Nerven, Muskeln, Knochen, Schwindelgefühl, Darmflora, Immunsystem, Leberzirrhose, Fettstoffwechsel, Cholesterinspiegel, Psyche, Arteriosklerose und vieles mehr nachgesagt. Shiitakepilze enthalten wenig Kohlenhydrate.

Beim Kochen neigen Shiitake dazu, etwas glibberig zu werden. Um das zu vermeiden, sollten die geputzten und gestückelten (oder in Scheiben geschnittenen) Pilze in einer schon erhitzten Pfanne mit Kokosnussöl goldbraun gebraten werden. Alle weiteren Zutaten wie Knoblauch oder Zwiebeln erst danach in die Pfanne geben. Dann kommt das Salz, und zwar reichlich, da Shiitake stark gewürzt werden müssen. Erst jetzt die Temperatur auf mittlere Stufe stellen und weiter braten, bis der Knoblauch und die Zwiebeln weich sind. Zum Schluss mit Kokosnussmilch oder Weißwein ablöschen. Je nach Geschmack etwas nachwürzen. Die Pilze schmecken sehr lecker auf einer simplen Scheibe Brot (bitte kein Weizenbrot!), mit Rührei zubereitet und zu vielen Gerichten, in Salaten und als Beilage. Sie sollten jedoch nicht unter fließendem Wasser gewaschen, sondern mit einem sauberen Küchentuch einfach nur abgewischt werden.

Kochen Sie Shiitake nicht, sondern grillen, braten, frittieren oder überbacken Sie sie. So entfaltet sich ihr unvergleichliches Aroma am besten. Zur Aufbewahrung im Kühlschrank in Back- oder Zeitungspapier einwickeln, dann hält der Pilz sich mehrere Tage. Vor der Zubereitung sollten die harten Stiele entfernt werden.

Shirataki-Nudeln oder -Reis: Seit wir in Südostasien leben, kochen wir ab und zu Shirataki-Nudeln oder -Reis, speziell für abends. Das Besondere an diesem sättigenden Lebensmittel ist: Es enthält keine Kohlenhydrate, kein Gluten, null Zucker und hat pro 100 g nur 0,2 g Fett, 2,7 g nicht verwertbare Ballaststoffe und acht Kalorien. »Shirataki« bedeutet übrigens »weißer Wasserfall«, was beim Anblick der Nudeln deutlich wird. Die durchscheinende, gallertartige traditionelle japanische Nudel ist in Deutschland mittlerweile unter Konjak-Nudel bekannt, da sie aus der gleichnamigen Wurzel hergestellt wird. Shirataki-Nudeln fördern amerikanischen Studien zufolge nachweislich die Verdauung, hemmen die Aufnahme von »bösem« Cholesterin und wirken sich stabilisierend auf den Blutzuckerspiegel aus. Shirataki-Produkte haben wenig Eigengeschmack, saugen quasi die Aromen von anderen Zutaten auf und können sowohl gekocht als auch gebraten, kalt und heiß gegessen werden. Ebenfalls erhältlich sind Shirataki-Reis und -Mehl.

Sojamilch: Derzeit wird über Sojamilch kontrovers diskutiert. Die allgemeine Empfehlung aus vielen Studien lautet, Soja zu meiden, mit Ausnahme von fermentierten Lebensmitteln, die aus Soja hergestellt werden, wie Sojasoße, Miso, Natto oder Tempeh. Diese Produkte können in Maßen verzehrt werden. Jedoch sollten Menschen mit Schilddrüsenproblemen auf Sojaprodukte ganz verzichten! Sojabohnen enthalten viele Antinährstoffe, natürliche Toxine, Hämagglutinin, das die Klumpbildung im Blut fördert, sowie strumigene Substanzen, die die Funktion der Schilddrüse hemmen. Daher möchte ich mich ausdrücklich von der Empfehlung in meinem Buch »SOS – Schlank ohne Sport« Sojamilch zu verwenden, distanzieren! Im Zweifel nicht, heißt es doch so schön. Durch Soja kann sich das Bauchfett sogar noch vermehren.

Wenn Sie jedoch genau wissen, dass die Sojabohnen in Deutschland angebaut und verarbeitet werden, können Sie diese Produkte in Maßen verzehren – außer Sie haben Schilddrüsenprobleme! In Deutschland ist Genmanipulation jeglicher Art verboten. Ich hoffe sehr, es bleibt auch so. Auf Seite 136 habe ich weitere wichtige Informationen zu Soja für Sie zusammengestellt.

Tapioka: Tapioka wird aus der Maniokwurzel gewonnen (daher auch unter Maniokmehl bekannt) und ist gluten- sowie allergenfrei, ein ideales Bindemittel für Soßen und Suppen, aber auch um Reisnudeln herzustellen. Vorwiegend wird es in der asiatischen Küche verwendet. Zum Binden 5 bis 6 EL Tapiokamehl in 1 Liter Flüssigkeit (lauwarm) geben und verrühren, danach unter ständigem Rühren aufkochen lassen und schnell vom Herd nehmen. Auch zum Backen ist Tapioka geeignet, da es eine gute Alternative zu Getreidemehl darstellt. 100 g haben 349 kcal/1462 kJ, 84,9 g Kohlenhydrate und 0,6 g Eiweiß, aber dafür kaum Fett (0,2 g). Tapioka ist kalium- und ballaststoffreicher als beispielsweise Kartoffeln oder Reis. Am besten werden Gerichte mit Tapiokamehl morgens oder bis 16 Uhr verzehrt. Tapiokastärke ist fein wie Puderzucker und wird wie Kartoffelstärke verwendet: Zuerst die Stärke in eine Tasse mit kaltem Wasser geben, gut vermischen und dann in die Soße einrühren.

Teff (Korn)**:** 1 Tasse Teff und 1 Tasse Wasser 6 bis 7 Minuten kochen. Danach 5 Minuten abgedeckt stehen lassen. Diese Zubereitungsart verschafft dem Korn eine mohnartige Textur, die zum Streuen auf Gemüse, als Topping für diverse Gerichte oder zum Verfeinern von Suppen geeignet ist. Für eine cremige Konsistenz 1 Tasse Teff in 3 Tassen Wasser für 20 Minuten kochen.

Topinambur: Eine Alternative zu Kartoffeln bieten Topinamburknollen, auch bekannt als Rosskartoffeln, Erdbirnen oder Erdartischocken. Ihr leicht nussiger Geschmack tritt am besten hervor, wenn sie gedämpft oder gekocht werden. Im Gegensatz zu

Kartoffeln haben Topinamburknollen eine sehr dünne Schale und lassen sich deshalb nur einige Tage im Kühlschrank lagern. Optimal ist es, sie nach dem Einkauf gleich zu verarbeiten. Sie enthalten keine Stärke, sondern Inulin (ein stärkeähnliches Kohlenhydrat, das Zuckerkranke gut vertragen). Der Topinambur enthält Eisen, viel Kalium und ist durch seinen hohen Ballaststoffgehalt sehr sättigend, aber kalorienarm. Im Handel werden auch Topinamburmehl, -sirup und -saft angeboten. Die Knolle kann auf vielfältige Weise zubereitet und roh sowie ungeschält gegessen, aber auch gedünstet, gebraten, gratiniert oder frittiert werden. Um rohe angeschnittene Topinamburknollen vor einer bräunlichen Verfärbung zu schützen, kann etwas frisch gepresster Zitronensaft darübergeträufelt werden.

Vollkornweizen: Auch Vollkornweizen lässt den Blutzuckerspiegel ansteigen.

Zimt: Sie können fast alle Getränke und Gerichte mit Zimt anreichern. Er hilft, den Blutzuckerspiegel zu senken. Ceylon-Zimt (auch Caneel genannt) gilt als beste Zimtsorte der Welt. In der Regel wird er in Stangenform angeboten. Unter Zimtprofis heißt es: Je dünner die Stange, desto intensiver und edler das Aroma – aber auch umso teurer die Ware. Ceylon-Zimt stammt überwiegend aus dem Südwesten Sri Lankas und fällt schon durch seine goldbraune Farbe auf. Sein Geschmack ist leicht süßlich und sehr aromatisch, fast schon edel.

Zucker und Süßungsmittel: Verwenden Sie ausschließlich Kokosnussblütenzucker, Stevia (nur getrocknete Blätter!) oder Luo-Han-Guo-Pulver zum Süßen. Der originale Kokosnussblütenzucker kommt aus Ländern, in denen die Kokosnusspalme zu Hause ist. Wenn Sie ganz sichergehen wollen, kaufen Sie Kokosnussblütenzucker nur, wenn das Herkunftsland mit angegeben ist. In tropischen Ländern werden kaum Chemikalien gespritzt, da niemand bis hoch in die Palme klettert und die Blüten mit Chemie besprüht. Es wird auch nicht gedüngt. Um den Trocknungsprozess zu beschleunigen, verwenden ungeduldige Hersteller allerdings das krebserregende Natriumsulfit. Solch einen billigen Zucker, der auch als Palmzucker deklariert sein könnte, kann man an dem grünen Schimmer und seinem leicht fischigen Geruch erkennen. Palmzucker ist unter Umständen kein Kokosnussblütenzucker!

Zutaten: Alle in den Rezepten aufgeführten Zutaten sollten möglichst aus Bioanbau und -landwirtschaft stammen Verzichten Sie weitgehend auf Lebensmittel, die in Plastik verpackt sind.

In meinem Buch »SOS – Schlank ohne Sport« finden Sie zu vielen weiteren Themen ausführliche Informationen.

Neueste Erkenntnisse über Soja

Mittlerweile gibt es unzählige Studien, darunter eine Vielzahl von Dr. Kaalya Daniel, dem Autor des Buches »The Whole Soy Story«, die bestätigen: Soja ist nicht gesund! Es ist die Rede von Funktionsstörungen der Schilddrüse, Fruchtbarkeitsstörungen, Verdauungsproblemen, Immunsystemschwäche, Mangelernährung, Krebs und kardiovaskulären Problemen.

Die Sojabohne enthält wie fast alle Hülsenfrüchte viele natürliche Giftstoffe, und zwar in besonders hohem Maße. Gegen die herkömmlichen Wege, sie loszuwerden – wie etwa das Kochen –, reagiert die zähe Bohne extrem widerborstig. Nur durch die Fermentierung, ein langsamer Prozess, können Giftstoffe wie Lektine und Phytate getilgt werden. Da die meisten Sojaprodukte jedoch nicht fermentiert sind, enthalten sie diese Giftstoffe noch immer.

Lektine können in unserem Organismus gefährliche Entzündungen auslösen, da sie die Darmwände angreifen und somit in unseren Blutkreislauf gelangen. Leptin, ein Hormon, das eigentlich unsere Fettreserven regulieren soll, kann durch Lektine »blockiert«, also resistent werden, aber auch zu einer Insulinresistenz führen.

Wichtige Mineralien wie Magnesium, Eisen, Zink und Kalzium werden durch Phytat gebunden und stehen unserem Organismus ab sofort nicht mehr zur Verfügung.

Soja enthält noch weitere Stoffe, die für unseren Organismus nicht gut sind, wie die sogenannten Goitrogene. Sie hemmen die Jodaufnahme in der Schilddrüse und lösen damit eine Vergrößerung aus, weil sie nicht mehr genügend Hormone produzieren kann. Zwar finden sich beispielsweise in Brokkoli und Blumenkohl auch Goitrogene, aber im Gegensatz zur widerspenstigen Sojabohne werden sie hier beim Kochen vernichtet.

Auch Proteasehemmer sind ein Bestandteil der Sojabohne; sie blockieren wichtige Enzyme, die beispielsweise für die Verdauung von Proteinen verantwortlich sind. Und wir sind noch nicht am Ende mit den bösen Stoffen in der widerspenstigen Bohne. Studien zeigten eindeutig, dass in Soja auch Phytoöstrogene enthalten sind. Sie stören das Gleichgewicht von Sexualhormonen bei Männern und Frauen, der Testosteronspiegel sinkt und der Östrogenspiegel steigt. Bei Frauen kann ein solches Ungleichgewicht zu Unfruchtbarkeit, aber auch zu einem erhöhten Brustkrebsrisiko und zu Problemen während der Menstruation führen. Bei Männern können Potenzprobleme und Libidoverlust entstehen, aber auch der sogenannte Rettungsring um die Taille auftreten.

Hinzu kommt die Problematik der Genmanipulation. In Studien, die an Hamstern durchgeführt wurden, wird das genetisch veränderte Soja eindeutig mit einer Erhöhung von Allergien, Fortpflanzungsstörungen und weiteren genetischen Problemen in Verbindung gebracht. Der dritten Generation von Hamstern, die mit Soja gefüttert wurden, wuchsen sogar Haare im Maul. Keine Panik, das ist bei Menschen bisher noch nicht passiert. Trotz allem muss gesagt werden, dass es bisher keine Langzeitstudien über die Auswirkungen eines Konsums von Gen-Soja gibt. Für mich gilt hier die Maxime: Im Zweifel nicht!

Übrigens: Auch in Bohnen und Erbsen sind Lektine und Phytate enthalten, die jedoch durch das Kochen unschädlich gemacht werden. Daher sollten Sie Bohnen und Erbsen nicht roh verzehren!

Nachschlag

Liebe Leserinnen und Leser,

ich hoffe sehr, dass Ihnen die Gerichte schmecken. Abwandlungen sind selbstverständlich möglich, jedoch sollten Sie immer nach den Regeln des Basisbuches »SOS – Schlank ohne Sport« vorgehen.

Übrigens: Viele weitere Rezepte und Rezeptideen nach SOS sowie Rezeptfotos finden Sie in der Facebook-Gruppe SOS-SchlankOhne-Sport (geschlossene Gruppe).

Ich wünsche Ihnen viel Freude und gutes Gelingen beim Nach-kochen und/oder -backen. Über Ihr Feedback würde ich mich sehr freuen – und über die Zusendung weiterer kreativer Rezeptideen nach SOS ebenso.

Viele Grüße aus Kuala Lumpur

Katharina Bachman

Besuchen Sie mich auch auf meiner Website:
www.katharinabachman.de

Oder die SOS-Gruppe bei Facebook:
https://www.facebook.com/groups/SOS.Schlank.Ohne.Sport/
Bei Twitter:
https://twitter.com/katharinatweet
Bei XING:
https://www.xing.com/profile/Katharina_Bachman
Bei YouTube:
https://www.youtube.com/user/katharinabachman

Wenn Sie mehr über SOS erfahren wollen, schauen Sie hier vorbei:
www.SOS-SchlankOhneSport.de

Ganz persönlich

Ein großes Dankeschön an die SOS-Facebook-Gruppe, insbesondere an Ann-Shirley Triebel, Annett Reich, Bärbel Zimmermann, Bianka Brendel, Carola Nordseewelle, Daniela Röding, Evelin Roßberg, Gritt Borchers, Günter Österling, Jenny Saukrass-Braun, Karin Seebohm, Mary Salerosa, Iren Kutscheidt, Irene Müller, Jürgen-Peter Olbrichtsen, Karin Müller, Marlies Smeets, MA G GI, Regine Müller, Regina Wunsch, Swenny Küster, Thomas Voigt, Tina Dß, Tina Kirchhoff, Ursula von Essen, Ute Heinz, Vera Schildknecht, Wibke Kirsten und an alle, die ich hier – man möge mir bitte, bitte verzeihen – vergessen habe zu erwähnen oder die bis zur Abgabe des Manuskripts noch nicht in Erscheinung getreten waren.

Ein ganz spezielles Dankeschön an meine Tochter Marina, Aveleen Avide, Brigitte Steffens, Bettina Müller, Katja Waldfee, Ulrike Marschler (für das Ausprobieren diverser Rezepte), Simon Grünke und natürlich an meinen Mann Norbert.

Sachregister

Rezeptregister

Der Bestseller

KATHARINA
BACHMAN

SOS
SCHLANK
OHNE SPORT

DAS TURBO-STOFFWECHSELPROGRAMM
AUS DEN TROPEN

GOLDMANN

320 Seiten.
Auch als E-Book erhältlich

www.goldmann-verlag.de
www.facebook.com/goldmannverlag